根拠が示せる! 上司も納得!

公務員の

かんたん

データ活用術

志村高史［著］

学陽書房

はじめに

「住民に納得してもらえる説明をしたい」
「誰もがうなずく事業企画を提案したい」
「厳しい状況を打破する改善策を見つけたい」
こんな願いを叶えるのが、データ活用です。

　データは、相手の理解や納得を引き出す力を持っています。
　私が11年間にわたり携わった公共施設マネジメントの仕事は、自治体の仕事の中では、まだまだ歴史が浅い分野ですが、データ活用には積極的です。効果的な施設運営を考えたり、新しい提案に対して庁内外の合意を得たりすることが必要な分野だからです。
　この仕事や講演会などを通じて、私もデータの分析や活用に注力してきました。そのおかげで、複雑な内容や反発が起こりやすい内容でも、聴いた方から「目からうろこ」「腑に落ちた」という言葉を多くいただきました。

　データ活用は、他の分野でも大いに役立ちます。まして次世代を担う若い職員の皆さんには、必須のスキルになるといってもいいかもしれません。そこで様々な分野で活躍する皆さんに、政策形成や日々の仕事でデータスキルを役立てていただくため、筆をとることにしました。
　本書では、自治休の現場で実際に行い、効果があったデータ分析や活用にかかわるノウハウをお伝えします。架空のデータを都合よく分析するのではなく、できるだけ実在するデータを用いて、実務にすぐ活かせるようにまとめました。
　なお、データ活用の方法には、パソコンに備わっている Excel ソフトの計算機能や、Microsoft 社のソフトのグラフ作成機能を使うなど、難しい計算をしなくてもできるやり方を紹介しています。

メリットばかりのデータ活用ですが、皆さんの中には、データを活用するスキルを高めたいと思っても、「どうも数字は苦手で……」という方もいることでしょう。でも、ちょっと待ってください。苦手と思っているのは、「数字」ではなく「数学」ではないですか。

　難しい公式をいくつも覚え、それを適切に問題に当てはめて計算し、答えを得る。そんな「数学」が苦手な方はたくさんいると思います。

　しかし、安心してください。自治体職員が個人で行うレベルのデータ分析では、難しい公式をおぼえる必要はありません。皆さんのデスクに必ずあるはずの「パソコン」を操作すれば、簡単に答えが出ます。おぼえなければいけないのは、難しい公式ではなく、操作方法なのです。

　「数字」が苦手だから自分には難しいかもしれないと思う方は、その先入観を捨てて、ぜひチャレンジしてみてください。

　データを活用して何より実感できることは、仕事に対する視野が広がり、発想もどんどん豊かになることです。自分のデータ分析が社会の役に立つという、自治体職員として何ものにも代え難い喜びも感じることができるはずです。

　これから皆さんが背負っていく自治体運営は、これまでとは比べ物にならないくらい厳しいものとなるでしょう。そして、最少のコストで最大の成果を得るために、効率的で効果的な仕事が求められるでしょう。それを乗り越えていく自治体職員となるために、本書がわずかでもお役に立てるのであれば幸いです。

2021年6月

志村高史

〈掲載事例について〉
本書では、筆者が秦野市の公開データを用いて解説用に調整した事例を、「A自治体」として掲載しています。

CONTENTS 根拠が示せる！ 上司も納得！ 公務員のかんたんデータ活用術

CHAPTER 1

地方公務員が
持つべき
データ活用の心構え

1 「～だろう」行政から抜け出そう

明確な根拠のある行政運営をしよう

▶経済成長と人口増加に支えられた行政運営

　本書を手にしている自治体職員の皆さんの多くは、若手の方から中堅の方だと思います。「春闘」や「ベースアップ」という言葉は知らないかもしれません。「バブル景気」という言葉は知っていても、仕事を通じてその景気の良さを実感することはなかったでしょう。

　目に見えるような経済成長とそれに伴う税収の増加は、遠い過去のものになりました。しかし、いまだにお金があったそのころの考え方や仕組みのままで進められていると感じる自治体運営を目にすることがあります。

　「賑わいを生むためにハコモノを作ろう」とか、「地域の活性化のために道路を作ろう」といった事業もその一例です。公共施設を作ることが悪いというのではありません。何をもって「賑わいを生む」とするのか、また「地域が活性化する」とするのか、その根拠や効果を評価する明確な指標や目標を持たずに事業化することが問題なのです。これは昔のようなお金の余裕がない現代においては悪い行政運営、従来型の行政運営といえます。

▶「～だろう」行政、「～に違いない」行政からの脱却

　では、このような従来型行政運営は、何を根拠に行われていたのでしょうか。それは「こうなるだろう」「こうなるに違いない」といった「曖昧な憶測」や「経験に基づく勘」、あるいは地理的条件や財政状況も異なる他自治体の事例などの曖昧なものです。

読者の皆さんの中には、「そんな曖昧な根拠で多くの予算を……」と驚く若い職員の方もいるかもしれません。しかし、昔の現実はそうでした。

　さらに、自分が所属する自治体の最近の事業を見渡してみてください。いまだにそういった曖昧な根拠で実施されているものがあることに気付くはずです。

　なぜ、そうした曖昧な行政運営が許されているのでしょうか。その理由の一つは、「〇〇行政論」が後ろ盾になっているからだと考えています。例えば公共施設マネジメントなど、データを重視する新しい分野においても、政策を進めようとすると、「福祉行政論」「教育行政論」「都市計画論」など、様々な行政論が立ちはだかります。

　しかし、こうした行政論をもとに制定された法律には、明確な事業実施の根拠となる基準は明記されていないものが多数を占めます。例えば社会教育法です。第21条に「公民館は、市町村が設置する。」と規定され、この規定を根拠にして、「社会教育論」のもとに多くの公民館が建設されました。

　しかし、将来の財政計画の裏付けもなく、またランニングコストも計算されずに建設された公民館をはじめとする公共施設の多くは、その建設のよりどころとしていた「〇〇行政論」だけでは、この先維持できなくなることが確実です。

▶「〇〇行政論」には「根拠」で打ち勝つべし

　人口が毎年増える、税収も毎年増える、こうした時代は、十分な効果が得られていなくても、翌年の税収増加がその失敗を打ち消していました。しかし、今は違います。毎年、皆さんは、何に予算を使うのかではなく、どの予算を削るのかに頭を悩ませているはずです。そうした状況の中で、曖昧な根拠や評価をもとに事業を行い、その効果が十分に得られなかったら、そのダメージは過去の比ではありません。

　だからこそ、現在においては、しっかりとした根拠に基づく政策を作り、また、明確な指標でその効果を検証する必要があるのです。

2 EBPM が始まった

▶ EBPM はこれからの公務員の常識

EBPM とは、Evidence-Based Policy Making を略したものです。これを訳すと「エビデンス（証拠）に基づく政策立案」となります。

ここでいうエビデンスを作るためには、積極的なデータ活用が必要であり、1-1 で触れた「〇〇行政論」という抽象的な根拠で行う政策立案とは対峙する政策立案といってもいいでしょう。

欧米では、すでに積極的な取組みが行われていましたが、日本にも、政策にデータを積極的に活用していくことについての動きがあります。

▶国の動きはいずれ自治体も動かす

国においては、2016年度に取組みが始まりました。2016年12月に官民データ活用推進基本法が施行され、基本理念の一つに掲げられたのは、今後の国や自治体の施策が、データを根拠とすることにより、より効果的かつ効率的になることです。

そして、翌年7月には、政府全体として EBPM を推進する体制として、EBPM 推進委員会が設置されました。このことにより政府全体としての体制が整備され、本格的な取組みが始まりました。

委員会自体は、内閣官房、内閣府、総務省が中心に運営していますが、構成員の中のオブザーバーに目を向けると、法務省や財務省などまでを含め、他省庁等が幅広く横断的に参加をしています。ここから今後、国を挙げて本格的な取組みにしていこうとする意気込みを感じ取ることができます。

▶自治体にも広がる EBPM

　こうした動きは都道府県にも広がり始めています。神奈川県や北海道では、庁内に横断的な研究会を設置し、その成果が報告書や手引きとなって公表されています。

　中でも北海道庁の「エビデンスに基づく政策展開の推進」調査研究チームがまとめた「『エビデンスに基づく政策展開の推進』のための手引」は、内容がわかりやすく、これから EBPM を勉強していこうとする自治体職員には大変に参考になります。

　また、昨今では、全国的に新型コロナウイルス感染症が広まっている中、政治家が「〇〇とするエビデンスは存在しない。」と根拠を重視した発言をすることが多くなってきました。いよいよ本格的な EBPM 時代が到来したことを感じさせる出来事でもあります。

▶ EBPM の意識しすぎに要注意

　これから政策立案に積極的にデータを活用しようとする（してみたい）、まさに、EBPM を行おうとする（してみたい）自治体職員の皆さんには、一つ注意していただきたいことがあります。

　それは、あまり EBPM という形式を意識しすぎないことです。

　これから自分は EBPM を実践していくのだという意識ばかり持つと、高度で複雑な分析でなければいけないという気持ちが強くなっていくことでしょう。高度で複雑な分析には、時間が必要です。費用がかかるものもあります。しかし、皆さんがしている仕事の中に、それほどの余裕があるものは少ないはずです。

　EBPM の良し悪しは、エビデンスを作るための分析レベルやきれいなロジックモデルができたかで決まるものではありません。大切なのは、それが的確で説得力のあるエビデンスであるのかどうかです。

3 地方公務員の現場で 必要な分析は難しくない

実務で使う分析は中学・高校レベルで十分

▶地方公務員にはどのレベルの分析が必要か

データを活用した分析には、いろいろなレベルのものがあります。筆者が自治体の現場で実践し、また見聞きしてきた分析法を図表1にまとめました。

図表1　分析の難易度、必要となる頻度等

	難易度	分析方法の例	必要となる頻度	自己分析
S	研究機関級	ランダム化比較試験	めったに必要になることはない	ほぼ無理
A	大学級	差の差分析 回帰不連続デザイン	時には必要になることがある	やればできる
B	高校級	コーホート分析 単回帰分析 標準偏差	部署によっては必要になる	できるようになりたい
C	中学校級	平均 推移	日常的に必要	できなければ困る

分析方法のすべてが自治体の現場で必要になるというものではありません。特に市区町村においては、難易度BレベルとCレベルまででも、十分に政策の質を高め、効果を上げることができるというのが実感です。

Cレベルについては、日常的に様々な部署で行うことになります。若

干の注意は必要ですが、どんどんエビデンスとして用いてください。

また、Bレベルについては、どの部署でも必要になるというものではありませんが、この分析ができるようになると、エビデンスの持つ説得力が格段に上がります。ぜひ身につけていただきたい分析スキルです。

したがって、本書においてもこのBレベルとCレベルを中心に解説を行います。

難易度SレベルとAレベルについては、勉強したい方は、もっと専門的な分析の参考本などで学んでみてください。また、Sレベルの分析は、個人はもとより、自治体シンクタンクを持つような大きな自治体以外の組織では、対応が難しい分析になります。このクラスの分析が必要な場合は、もちろん費用も必要となりますが、大学や研究機関、コンサルティング会社に委託する必要があります。

▶自己分析の危険性

難易度Aレベルの分析については、自己分析できるスキルが身につけば申し分ありません。Bレベルまでのスキルよりも、さらに発想の幅や視野が広がるとともに、政策の質を高めることは間違いありません。

ただし、注意しなければならないことがあります。

それは、分析結果の妥当性をチェックできる仲間や上司が、組織内にいるのかということです。自分自身で何度もチェックを行ったとしても、間違いが絶対にないとは限りません。誰もが分析結果を鵜呑みにしてしまい、間違った判断で政策が実施された場合、その責任は、自分のみならず上司や組織にまで及びます。

また、学識者やコンサルティング会社の分析結果であれば、分析結果をエビデンスとして用いて説明しても、疑う職員や住民はいないでしょう。しかし、職員が分析した結果となると、疑いも持たれやすくなるおそれもあります。仮に分析を行う場合は、こうしたリスクを含んでいることを組織内で共有したうえで、結果を用いることも必要になります。

個人のデータ力を高める には「くせ」をつける

これから分析力を高めるために必要となること

▶メモ帳を持って分析する「くせ」をつけよう

　データ力を高めるために、まずは、日常的にデータ分析するくせを身につけましょう。例えば、毎月集計する窓口の利用者数や、貸し会議室の利用者数のデータです。それを毎月必ず前年度と比較して、増減を記録し、変化の原因を考えてみるなど、簡単なデータ分析を行います。

　これは野球でいう、素振りです。素振りの回数（データ分析の経験数）は分析の着眼点を育て、ヒットやホームランにつながります。エビ

■頭の中にあることをメモする

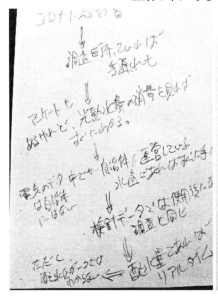

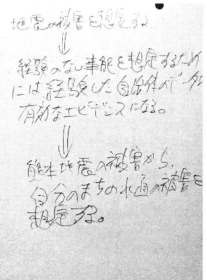

デンスを導き出すには、データの組合せや分析方法の着眼点が大切です。

　データ分析は、すべて良い結果が伴うものではありません。しかし、データ分析のくせがつくと、データの使い方を考える時間も長くなり、突然アイデアがわくことがあります。その時忘れないようにすぐにメモを取ってください。メモ帳を持つことが分析名人への第一歩です。

▶ロジックツリーを作ってみる

　メモはあくまで走り書きです。分析に至る経緯を説明するときは、メモを基にロジックツリー（階層を作って問題を掘り下げ、解決策を探すツール）を作りましょう。説明が楽になり、職場での議論も深まります。

図表2　ロジックツリーの例（左頁左側のメモ）

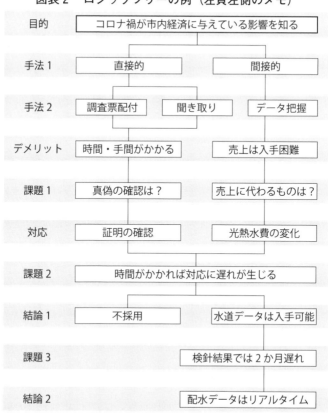

5 組織のデータ力を高める4つのコツ

データを使いこなす組織は「共有」に気をつける

▶組織風土を作る

　せっかく個人のデータ力が高まっても、組織がそれを活かすことができなければ、猫に小判です。個人のデータ力を高めると同時に、組織のデータ力も高める必要があります。

　組織のデータ力が高まった状態とは、データ分析が組織内の当たり前になっていることです。例えば、部長会議や理事者会議など、政策決定の場に提出される資料には、必ずエビデンスが示されている、逆にそれがなければ却下される、こうした状態になっていることが理想です。

▶データを共有する

　理想の状態に近づくために、必要なことの一つは、データの共有を図ることです。

　具体的な方法には、白書として全庁的・横断的に取りまとめ、定期的にデータ更新を行い、庁内LANを利用していつでも職員が閲覧できるようにすることが挙げられます。

　例えば、自分が管理を担当する公共施設の利用状況を他の公共施設と比較したいとき、公共施設の利用者数を、必要の都度庁内に照会して調べていれば、時間も手間もかかります。そこにそれらのデータをまとめた公共施設白書があれば、すぐに必要なデータを入手し、分析に活用することができます。

　このようにデータの共有は、データ分析を進めるためにとても大切なことです。それは、組織全体だけではなく、職場内でも同じことです。

自分が収集したデータやその分析結果は、他の職員も活用しやすくするために、セキュリティ対策によって他人が開けない個々のパソコンではなく、必ずサーバーに保存してください。

▶データ活用には時間がかかる

　知識があればなんとなく書くことができる「〇〇行政論」とは異なり、しっかりとしたデータに裏付けられたエビデンスを政策の根拠とするときには、「データ分析は時間がかかる」ということを常に意識しておくことが必要です。データの収集、精査、分析など、エビデンスになるまでに多くの手間が必要です。

　庁内の意思決定のプロセスや、議会とのかかわりには、必ず締め切りがあります。時間の制約により、エビデンスが作れなくなるようなことがないように、従来とは、異なるタイムマネジメントを行う必要があることを頭に置いてスケジュールを作ってください。

▶ブラックボックスを作らない

　職員個人の収集したデータや分析結果の扱いは先に触れましたが、意外とブラックボックスになりやすいのが委託の成果品です。

　計画策定などをコンサルティング会社に委託した場合、出来上がった計画案には、多くのグラフが用いられています。こうした場合、成果品として印刷・製本されたものだけを受け取るケースが多いと思いますが、これではデータ分析がブラックボックスになってしまいます。その時限りの分析であればいいのですが、継続的に分析を続ける場合は支障が出てきます。

　必ず、使用されているデータも受け取れるように、契約段階で担保しておいてください。そうすれば、他の部署での共有も可能になります。また、計画や白書などの改訂時などに、再度委託するのではなく、職員自らがデータの入れ替えを行えば、職員個人のデータ力を高めるとともに、費用の節約につながる場合もあります。

6 乱用、誤用は禁物

せっかくのデータ活用がやぶへびになる

▶功を焦ると失敗する

　データを活用して政策のエビデンスを作ることは、職員にとっても、組織にとっても素晴らしいことです。しかし、作らなければならないとするプレッシャーから、ついつい乱用ともいえるようなデータの使い方をしてしまう場合があります。

　例えば、行政サービスの予算を増やしたい職員が、「サービス利用者の推移」から「予算の増額が必要」という主張のエビデンスを作ろうと思い、過去10年間の利用者数の推移を調べました（図表3、4）。

図表3　サービス利用者の推移

2011 年	2012 年	2013 年	2014 年	2015 年
4,200 人	4,300 人	4,200 人	4,100 人	4,100 人
2016 年	2017 年	2018 年	2019 年	2020 年
4,200 人	4,300 人	4,150 人	4,250 人	4,350 人

　職員は、このデータのうち、2018年から2020年のデータだけを用いて、「利用者が近年増加傾向にあるため」という理由をつけ、予算の増額要求を行いました。

　たしかに、2020年の利用者は過去10年間で最高を記録し、2011年よりも増えています。しかし、だからといって増加傾向にあると断定はできません。数値は増減を繰り返し、来年度はまた減るかもしれません。

図表 4　利用者数の推移 1 （10年分の推移を示すグラフ）

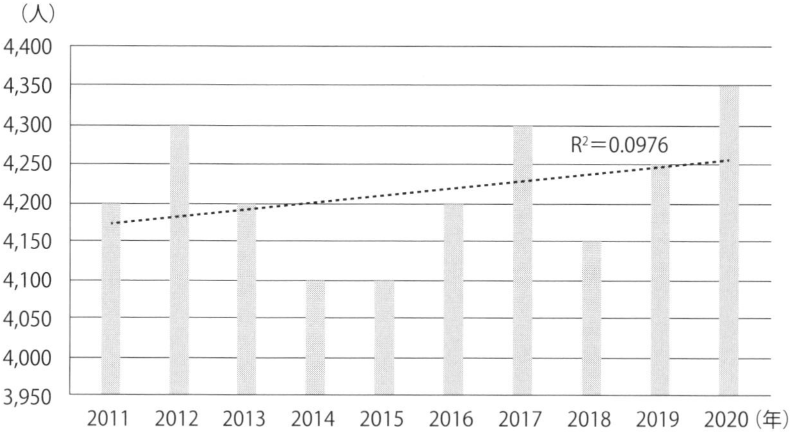

詳しい解説は後にしますが、図表 4 から、「この10年間で利用者数が増加傾向にある」とは言えないことがわかります。2018年から 3 年間だけのデータを用いて、増加傾向にあるとすれば、これはデータの乱用です。嘘ともとれる説明をすることになり、大変な問題です。

▶自動で強調に要注意

　図表 4 を見てください。利用者数を表す左側の軸の最小値が3,950人になっています。これは、グラフ作成機能が自動で最大値と最小値、メモリの単位を判断し、各年のデータの違いをわかりやすくするように強調しているものです。

　そこで、最小値を3,950人ではなく 0 人に変更してみます。図表 5 に示すとおりとなりますが、このグラフからいえることは、「最近10年間では、各年の利用者に大きな変化はなく、利用者は横ばい傾向にある。」ということになります。したがって、グラフ作成機能が行った強調は誤った認識を生みやすいことがわかります。

図表 5　利用者数の推移 2 （自動強調をはずしたグラフ）

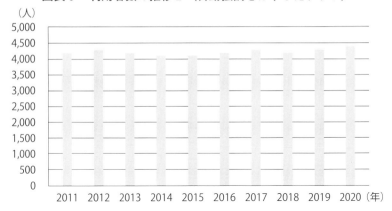

▶恣意的な強調はダメ

　グラフ作成機能では、先ほどと逆に最小値が 0 と自動表示されても任意の数字に変えることができます。時には、違いを強調することが理解を得るために有効な場合も数多くあります。

　先ほどの図表 3 の2018年から2020年のデータだけを抜き出し、グラフを作ると、図表 6 のとおりとなります。

　これを使って「利用者は近年大きく増える傾向にある。」という説明を行ったとしたら、乱用どころか、恣意的に強調して説明を行い、自分にとって都合のいい理解を得たということになります。

図表 6　恣意的な協調をしたグラフ

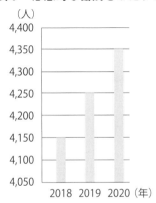

▶誤用にも要注意

データの乱用と並び注意しなければならないのは、データの誤用です。乱用は誤解を招きますが、誤用はデータ分析の結果自体に誤りを生みます。したがって、その結果を用いたエビデンスによる政策判断も誤りということになり、結果はさらに重大です。

データの誤用を招く最大の原因は、ヒューマンエラーです。人間が行う以上、これは、なくなることはないので、防ぐしかありません。そして、防ぐために最も有効な策は、アナログですが、とにかく再確認です。

特に単位が正しいかどうかなどは、個人で再確認できるので、その習慣を身につけましょう。また、誤用の原因で多いのは、Excel でデータをコピーする際に起きた「行ずれ」、「列ずれ」です。これは、全体をチェックしなくても、任意のデータだけを抜き出して再確認することにより、発見することができるので、この確認作業も確実に行う必要があるでしょう。

▶複数の目で再確認できれば万全

さらには、複数の目によるチェックがあれば申し分ありません。しかし今や、資料の作成において複数の目による再確認のような作業がおろそかになりつつあります。誰よりも頼りになるパソコンに全幅の信頼を置いてすべてを処理し、その結果を信じ切っている様子が多く見られます。

また、近年ではどの自治体でも職員数が減り、忙しくなっています。さらには働き方改革でなるべく時短するという風潮も広まっていることからも、確認作業がおざなりになっているようです。

しかし、「誤用」が重大な失敗につながれば、厳しくコンプライアンス違反に問われ、住民の信頼を失ったり処分を受けたりすることもあります。適切な方法を使って、自分自身で、また複数人で再確認することを徹底してください。

データの作成者には敬意を払う

▶著作物には最大限の敬意を

　世の中には、たくさんのデータが存在します。また、インターネット社会になっているため、その入手も容易になっています。しかし、だからといって、自由に使えるわけではありません。他者の作ったデータを活用するにあたっては、様々なルール、マナーが存在します。

　まず、最もよく知られているのが「著作権」です。著作権法（昭和45

■著作権法

（目的）

第1条　この法律は、著作物並びに実演、レコード、放送及び有線放送に関し著作者の権利及びこれに隣接する権利を定め、これらの文化的所産の公正な利用に留意しつつ、著作者等の権利の保護を図り、もって文化の発展に寄与することを目的とする。

（定義）

第2条　この法律において、次の各号に掲げる用語の意義は、当該各号に定めるところによる。

　一　著作物　思想又は感情を創作的に表現したものであって、文芸、学術、美術又は音楽の範囲に属するものをいう。

　二　著作者　著作物を創作する者をいう。

（データベースの著作物）

第12条の2　データベースでその情報の選択又は体系的な構成によって創作性を有するものは、著作物として保護する。

年法律第48号）では、左頁のとおり規定されています。

　著作物には、すべてにその著作者の持つ権利があり、それが保護されています。また、単なるデータベースのように見えても、検索しやすくするための独自のルールに基づく配列があるなど、創作性を有するものは、著作物になります。「著作物を写して、不特定の目に触れる状態にする」ということを行うためには、著作者等の許諾が必要であり、時には有料となるということを認識してください。これは、組織内の人間に限っていても同じです。

　なお、一定の条件のもとに著作権者等の許諾なく使用できる場合は、その旨が著作物に明記されていますので、確認をしてください。

▶ちょっとお借りします　〜引用もマナーを守る〜

　著作物の中から、ほんの一部だけをお借りし、自己の著作物の中に使用することを「引用」といいます。この場合は、著作権に触れませんが、必ず引用元を「出典」として明記します。

　また、例えばグラフを改変して使用する場合は、「〜を基に筆者作成」といった記載をします。

　一般的に官公庁が公表しているものは、自由に使われることを前提としていますが、それでも出典元を明記するのがマナーといえます。

▶公表しても大丈夫？

　組織内部や自治体同士のつながりにより、独自に入手したデータを使う場合、それが公表されているデータなのか否かを必ず確認しましょう。また、公表されていない場合は、公表が可能か否か、また公表可能な場合であっても、条件はあるか否かも必ず確認してください。

　また、自治体が所有するデータには、個人を特定できるものや、企業の利害に影響を与えるものもあります。データを加工した後も、こうした情報が読み取れるものであるかどうかは、細心の注意を払ってチェックする必要があります。

8 データ活用が公民連携の効果も高める！

公民連携では詳細なデータが必要

▶公民連携にはデータが不可欠

　「公民連携（PPP：Public-Private Partnership）」とは、「公（Public）」と「民（Private）」が役割を分担し、協力し合いながら、社会資本の整備や公共サービスの充実・向上を図ることを実現する概念・手法の総称です。公共サービスの提供主体が市場の中で競争していく仕組みに転換し、最も効率良く質の高い公共サービスを提供することを目指します。

　近年多くの自治体では、主に公共施設の整備や運営にあたって、「PFI（Private Finance Initiative）手法」などの公民連携手法を採用していますが、それ以外でも住民の健康づくりや福祉の分野などで公民連携手法は、広がりを見せています。

　現在でも多くの自治体で、具体的なデータに基づく根拠を持たない事業が進められていることは、前に述べたとおりです。しかし、この公民連携事業では、そういうわけにはいきません。民間との協働によって、最も効率よく質の高いサービスを提供していくためには、曖昧な根拠ではなく、データの活用が不可欠です。

▶民間水準で求められるデータ

　公民連携事業の多くは、自治体側からは詳細な設計書や図面は示さず、事業に求める性能や成果、事業費の限度などを文書で示す性能発注といわれる方式をとっています。そして、事業に参画しようとする民間企業は、示された事業費から逆算をして、求められている性能や成果を発揮できるような事業を行えるのか否かを判断します。

そのため、多くの詳細なデータが必要となる場合があります。

例えば、公共施設の維持管理・運営を自治体が直接行う方法から、指定管理者などの公民連携事業に転換しようとします。自治体側から民間企業に示すデータとして、「この公共施設の利用者は、年間10万人です。」といったデータしか示せないとしたら、これではまったく足りません。

自治体が直接維持管理・運営を行うときは、赤字が当たり前と考えることがしばしばです。したがって、多くの場合、利用者の数を集計するくらいのデータ整理しか行いません。また、10万人もいるのだから、民間企業ならば採算がとれるだろうくらいの感覚で事業を進めようとします。

しかし、民間企業が提示された事業費の中で採算をとり、なおかつ利益も上げられる事業とできるか否かを検討するためには、利用者の情報に関してだけでも、曜日別、時間別などの詳細なデータがなければ計算ができません。逆に言えば、そうしたデータも求めずに参画しようとしている企業があったとすれば、それは、もはや採算をとらなくても良いくらい提示する事業費の見積もりが甘いということであり、その企業に任せることは危ういことを意味します。

▶公民連携に最大の効果を生むために

筆者は以前、事業者の募集を始めた後に、参画を検討する企業から詳細なデータを求められ、さかのぼって詳細なデータの集計を行ったことがあります。非常に大きな手間と時間が必要になり、苦労しました。

特に公民連携事業に転換を考えている事業であれば、やみくもにデータを揃えようとするのではなく、対話や市場調査を通じてどういったデータが必要なのかを前もって把握しておけば、無駄になりません。また、日頃から、組織でも個人でも、データを細かく集計する習慣を身につけてください。毎日習慣的に行えば、労力も少なくて済みます。

民間水準で求められるデータが揃えられた時、公民連携事業は最大の効果を発揮するはずです。

地方公営企業の仕組みで広がる可能性

　2019年4月、11年間携わった公共施設マネジメントの仕事を離れ、上下水道局に異動しました。

　そこで出会ったのは、本書でもご紹介した公営企業会計方式です。複式簿記を基本としますが、民間企業の会計に役所的要素がミックスされた独特の会計です。自治体が一般的に使っている官庁会計方式との違いが大きいために、これになじめず、早々に異動してしまう職員もいますが、私は、これにはまりました。

　この会計方式を採用する根拠となる地方公営企業法は、終戦から7年後の1952年に制定されています。会計処理の内容は時代に合わせて少しずつ変化していますが、基本的な考え方は同じです。第2次世界大戦の終結からまだ7年しか経っていなかった当時に、地方公営企業の仕組みを作った当時の官僚は、本当にすごいと思います。

　その理由は、本書でも触れたように生活インフラとして欠かすことのできない水道、バス、鉄道、電気、ガスなどを将来にわたって持続できるように、行政（政治）から分離し、仕組みを整えたことにあります。

　入庁以来32年間、官庁会計方式と呼ばれる単年度主義・現金主義の一般会計で仕事をしてきました。その中で公共施設マネジメントの仕事に出会い、公共施設更新問題への対応に没頭しましたが、「ハコモノの更新問題を回避するための最善策は、総量削減である」との考えに至りました。そして、なぜ、その策を講じざるを得なくなったのかの答えは、新たに出会った公営企業会計方式の中にありました。

　公務員人生も最終盤となりましたが、さらに視野を広げ、発想の幅を広げてくれる地方公営企業の仕事を謳歌したいと思う今日この頃です。

CHAPTER 2

行政関係の数字の読み方・使い方

地方公務員がよく使うデータ ①財政関係

計算はできなくても、内容は知っておきたいデータ

▶財政関係の必修データ

①財政力指数

　標準的な税収で、標準的な行政サービスを行うために必要な支出を賄えるか否かを表すデータです。この数値が１以上なら賄える、１未満なら賄えないということになり、１未満の場合、不足分に対しては、国から地方交付税が交付されます。なお、１以上の自治体は、86市町村（2019年度決算）で全体の約５％にすぎません。

②経常収支比率

　人件費、扶助費、公債費などの経常的な経費に、地方税や地方交付税などの経常的な収入がどの程度充てられているかを比率で示しています。この数値が高いほど自由に使えるお金が少なくなります。

　なお、一般的に90％以上になると「財政の硬直化が進んでいる」と言われますが、すでに全国の自治体の平均値はこれを上回り、現在の財政運営の厳しさを表しています。

③実質公債費比率

　標準的な状態で収入されると見込まれる経常的一般財源（主に地方税、地方交付税）に占める公債費（借金の償還金）や確実に負担しなければならない操出金や負担金の割合です。18%以上になると起債許可団体となり、国から制限がかかり自由な起債ができなくなります。25%以上になると財政健全化団体となり、財政運営に大きな制約がかかります。

④将来負担比率

　標準的な状態で収入されると見込まれる経常的一般財源（主に地方税、地方交付税）に対する実質的な負債（将来負担すべき負債から基金残高などを差し引いたもの）の割合です。市町村では350％以上になると財政健全化団体となり、財政運営に大きな制約がかかります。

図表7　各指標の平均等（2019年度決算）

財政力指数	全国平均（単純平均・東京23区除く）　0.51 最高：愛知県飛島村2.21　最低：鹿児島県三島村0.06
経常収支比率	全国平均（加重平均・東京23区除く）　93.6％ 最高：北海道夕張市126.30％　最低：北海道泊村39.40％
実質公債費比率	全国平均（加重平均・東京23区含む）　5.8％ 最高：北海道夕張市69.90％　最低：高知県津野町△8.20％
将来負担比率	全国平均（加重平均・東京23区含む）　27.4％ 最高：北海道夕張市399.70％ 最低：710市区町村　計算結果マイナス

（総務省「地方公共団体の主要財政指標一覧」を基に筆者作成）

▶常に意識し相対的評価を

　①～④に掲げたデータは、財政課の職員だけが把握していればいいというものではありません。自治体職員であれば、自分の自治体の値をざっくりと把握し、財政の健全化に関する意識を共有しておきましょう。

　財政状況というのは、その自治体の業務に最も大きな影響を与える要素になります。データに基づく政策形成を進めるにあたっては、仕事の分野の壁を越えた必須アイテムといえますので、参考にしてください。

　また、③と④については、健全化判断比率を下回ったことによって、「財政は健全です」と表現する自治体がありますが、これは、絶対的評価です。全国平均を上回っていれば、不健全の一歩手前であり、できるだけ早く全国平均を下回るように努力する必要があります。財政状態に限ることではありませんが、データの評価は、相対的に行うことも大切です。

2 地方公務員がよく使うデータ ②人口関係

一口に「人口」といえどもデータの種類は様々

▶人口関係の必修データ

①国勢調査人口

　日本国内にふだん住んでいるすべての人（外国人を含む）及び世帯を対象とする国勢調査により集計された人口であり、居住実態が反映されます。国勢調査は、5年に一度行われます。

②推計人口

　国勢調査は、5年に一度であることから、直近の精度の高い実態に即した人口を算出するために、直近の国勢調査人口に、定期的に出生、死亡、転入、転出などの人口の動きを加減した人口です。

③住民基本台帳人口

　氏名、生年月日、性別、住所などが記載された住民票を編成した住民基本台帳に基づく人口となります。住民登録をしていない居住者や住民登録をしていても他の自治体に居住している場合、国勢調査人口には反映されますが、住民基本台帳人口には、反映されません。

④年齢3区分別人口

　人口のうち、15歳未満を「年少人口」、15歳以上65歳未満を「生産年齢人口」、65歳以上を「老年人口」として集計した人口です。

⑤**昼間人口・夜間人口**

昼間人口は、常住人口（夜間人口）から他の自治体に通勤通学する数を引き、自分の自治体に通勤・通学してくる人数を加えた人口です。

⑥**趨勢人口**

過去や現在の出生、死亡、転出入などによる人口の変化のデータを用いて推計する将来の人口です。

⑦**政策人口**

趨勢人口に、人口誘導策や出生率の向上策などの政策的要素の結果を加味して推計する将来の人口であり、一般的には趨勢人口よりも多くなります。

▶特徴に注意し、目的に応じて使い分ける

これらの人口データには、それぞれの特徴があります。

例えば、年齢3区分別人口では、1920年に行われた第1回の国勢調査の時から同じ区分が用いられています。ほとんどの子どもが高校に進学し、大学への進学率も当時とは比べ物にならなく高くなった現在も、主な納税者となる生産年齢は15歳以上と定義されています。また、平均寿命も延び、元気な高齢者が増える現在も、65歳以上を一律に老年としていることも同様に現状との乖離があり、データ活用にあたっては注意が必要です。

政策人口に関しては、上下水道の使用料や介護保険料などの将来計画の算定にあたって使用することは、適切ではありません。人口増加策が実らなかった場合、収入が過大な見積りとなり、実際に必要となる計画事業費を賄えなくなる恐れがあるためです。

自治体職員が目にする頻度、利用する頻度が最も多いのは、人口のデータです。それぞれの人口の特徴に注意しながら、適切に使い分け、エビデンスの精度を上げましょう。

3 国・自治体の 統計データを活用しよう

入手も容易で内容も充実しているデータ

▶全国調査の代表は統計

「統計」とは、集団の性質や傾向を数量的に表すもので、エビデンスを作るためにはぴったりのデータです。国が行う統計は「政府統計の総合窓口（e-Stat）」がコードを振っているものだけで700以上に上り、それ以外にも自治体が独自に行う統計もあるので、世の中には膨大な統計

図表 8　主な統計一覧（2019年 5 月24日現在）

所管府省庁	統計の名称
内閣府	国民経済計算
総務省	国勢統計、住宅・土地統計、労働力統計、小売物価統計、家計統計、個人企業経済統計、科学技術研究統計、地方公務員給与実態統計、就業構造基本統計、全国家計構造統計、社会生活基本統計、経済構造統計、産業連関表、人口推計
財務省	法人企業統計
国税庁	民間給与実態統計
文部科学省	学校基本統計、学校保健統計、学校教員統計、社会教育統計
厚生労働省	人口動態統計、毎月勤労統計、薬事工業生産動態統計、医療施設統計、患者統計、賃金構造基本統計、国民生活基礎統計、生命表、社会保障費用統計
農林水産省	農林業構造統計、牛乳乳製品統計、作物統計、海面漁業生産統計、漁業構造統計、木材統計、農業経営統計
経済産業省	経済産業省生産動態統計、ガス事業生産動態統計、石油製品需給動態統計、商業動態統計、経済産業省特定業種石油等消費統計、経済産業省企業活動基本統計、鉱工業指数
国土交通省	港湾統計、造船造機統計、建築着工統計、鉄道車両等生産動態統計、建設工事統計、船員労働統計、自動車輸送統計、内航船舶輸送統計、法人土地・建物基本統計

（総務省ホームページを基に筆者作成）

データが存在していることになります。なお、国の統計データはほとんどが e-Stat からインターネットで入手できるので、活用してください。

▶業務統計の自治体データは比較に便利

国の「業務統計」には、自治体の業務データを対象としたものもあり、自分の自治体の客観的な状況を知るために活用することができます。

例えば、「地方財政状況調査」「学校基本調査」「社会教育費調査」「公共施設状況調査」などは、他の自治体との比較に役立ちます。

業務統計の結果は、多くが Excel または CSV ファイルで各府省庁のホームページまたは e-Stat からダウンロードすることができます。

中でも一覧表形式のものは、必ず団体コードに従って、「011002北海道札幌市」から「473821沖縄県与那国町」までの順に並んでいます。この性質をうまく利用すると、下図のようなオリジナルのデータベース（データを一覧形式でまとめたもの）を容易に作成できます。公表されているデータから計算した独自の指標（例えば「住民一人当たりの〇〇」）の追加や、分析作業のスピードアップが可能になります。

■オリジナルデータベースの作成例

| | | 市町村別決算状況調から転記 | | 公共施設状況調経年比較表から転記 | 独自のデータを計算 | |
団体コード	自治体名	住民基本台帳人口	歳入総額（千円）	ハコモノ面積（㎡）	住民一人当たり歳入	住民一人当たりハコモノ面積
011002	札幌市	1,955,457	986,962,117	5,624,220	505	2.88
012025	函館市	258,948	133,112,794	1,045,166	514	4.04
012033	小樽市	116,529	55,744,582	567,723	478	4.87
012041	旭川市	337,392	156,330,397	1,167,352	463	3.46
012050	室蘭市	84,405	42,999,577	526,983	509	6.24
012068	釧路市	170,364	93,238,783	1,058,028	547	6.21
012076	帯広市	166,889	81,354,391	728,969	487	4.37
012084	北見市	117,806	71,977,548	778,302	611	6.61
012092	夕張市	8,087	11,308,431	386,401	1,398	47.78
⋮	⋮	⋮	⋮	⋮	⋮	⋮

4 計算方法で データの意味は変わる

算出根拠を要チェック

▶名称だけで鵜呑みにしない

　皆さんは、この先多くのデータを目にするでしょう。その時に注意すべきことは、データの名称などを鵜呑みにして、そのデータを根拠として使用しないことです。特に自治体レベルの、独自の統計書や決算書などのデータは要注意です。

▶公民館の利用率は正しいのか？

　ある自治体の「平成30年度（2018年度）主要な施策の成果報告書」から具体例を見てみましょう。この報告書には、公民館活動費の成果を示すエビデンスとして図表9のようなデータが掲載されています。

　この表の「利用率」を見ると、80％を超える公民館も多く、平均は76.4％となっています。しかし、これを利用状況を正しく反映したデータであると鵜呑みにはできません。その理由は、表の中に「利用率」は正しい状況を表していないのではと疑いたくなるデータがあるからです。

　利用件数を利用可能日数で割ってみると、例えばＡ公民館では3,687÷2,082≒1.77となります。一日当たり2件も利用されていないのに対して、利用率は84.2％と表示されていることに大きな違和感を覚えます。

▶計算式を確認してみると実際との違いがわかる

　この違和感の原因は、「利用率」の算出方法にあります。図表10の模

36

擬例で計算してみます。この公民館では、○月○日にa会議室、b会議室、多目的室は利用され、調理室の利用はありませんでした。利用可能日数は、4部屋×1日で4日と計算し、利用日数は、3部屋の利用があったので3日と計算します。この日の利用率は、3日÷4日＝75％となります。

　上記の計算式で算出した利用率というデータは、いくら高い数値を示したとしても、実態を表すエビデンスだとはいえません。正しい利用状況を表すデータは、利用可能時間数は、13時間×4部屋＝52時間、利用された時間数は、合計11時間なので11時間÷52時間＝21.2％となります。

　このように、鵜呑みにはできないデータもあるため、算出根拠に違和感を覚えるデータについては、内容をよくチェックしてください。

図表9　公民館利用状況

施設名（部屋数）	利用可能日数	利用日数	利用率	利用件数
A公民館（6）	2,082	1,754	84.2%	3,687
B公民館（5）	1,735	739	42.6%	1,172
C公民館（6）	2,082	1,677	80.5%	3,512
⋮	⋮	⋮	⋮	⋮
K公民館（6）	2,082	1,759	84.5%	4,175
計	22,902	17,496	76.4%	35,123

図表10　○月○日の某公民館の利用状況

部屋 ＼ 時	9	10	11	12	13	14	15	16	17	18	19	20	21
a会議室													
b会議室													
多目的室													
調理室													

5 平均
——中間的な値を知る方法

「平均」は奥深い。侮ることなかれ

▶まずは「平均」からおさえる

　本項からは、実務で使えるデータ分析の基礎テクニックを解説します。

　まずは「平均」です。平均ぐらいは解説がなくてもわかりますという方もいると思いますが、基本中の基本といえども気をつけたいポイントがいくつかあります。

　図表11は、令和2年度学校基本調査の結果から、2020年5月1日現在の富山県下の15市町村の小学校数と児童数をまとめ、県下の市町村1校当たりの児童数を算出したものです。

　1校当たりの児童数の合計行の空欄に入れる数字は、次の3つのうち何が適切でしょうか。

① 　346.3＋343.5＋…＋152.3＋128.4＝3,640.2

② 　(346.3＋343.5＋…＋152.3＋128.4)÷15＝242.7

③ 　(15×346.3＋8×343.5＋…＋9×152.3＋7×128.4)÷(15＋8＋…＋9＋7)＝52,685÷193＝273.0

　①は、不正解です。合計という意味ではあっていますが、1校当たりの児童数という観点に合致しません。この算出・分析をしたら誤った情報になってしまうので、実務では絶対に間違わないでください。

　合計行の欄ですが、ここに入る数値は、平均値が正しいです。したがって、②は、不正解ではありませんが、一番適切なのは③です。

図表11　富山県下市町村の小学校数等

	小学校数	児童数	1校当たり児童数
射水市	15	5,195	346.3
砺波市	8	2,748	343.5
富山市	67	21,040	314.0
高岡市	26	7,934	305.2
小矢部市	5	1,349	269.8
南砺市	9	2,339	259.9
滑川市	7	1,734	247.7
舟橋村	1	237	237.0
黒部市	9	2,144	238.2
朝日町	2	464	232.0
魚津市	10	2,045	204.5
入善町	6	1,151	191.8
氷見市	12	2,035	169.6
立山町	9	1,371	152.3
上市町	7	899	128.4
合計	**193**	**52,685**	

▶それぞれのデータには重みがある

　②のデータは「単純平均（データの合計値をデータ数で割ったもの）」、③は「加重平均」となります。「加重平均」とは、それぞれのデータで重要な要素を「重み」として、その差を加味することによって、より適切な平均値を導き出す方法です。

　今回のケースでは、児童数が「重み」となり、各校の「加重平均」は、「単純平均」よりも、児童数が多い富山市や高岡市の値に近づく数値となっています。

　Excel で平均値を求める関数としてよく使われるのは「＝ AVERAGE（データの範囲）」ですが、これは単純平均なので注意してください。

中央値
——平均とセットで確認する値

▶平均値とともに確認しておきたいデータ

平均値を算出したときに確認しておきたいのは「中央値」です。

文字のとおり母集団の数値を小さいほうから（大きいほうから）順番に並べたときにちょうど真ん中にある値のことです。前項の図表11の場合は、1校当たり児童数に関しては舟橋村の237.0が「中央値」に当たります。例えばA1セルからA500セルまでにデータが入力されているような場合、Excel関数の「= MEDIAN（A1：A500）」で求めることができます。

▶平均値は同じでも中央値は異なる

平均値とともに中央値を知ることにより、母集団が持つ性格がわかり、データを正確に政策に反映できるようになります。

例えば、教育委員会で学習支援のために、「平均点以下の小学6年生に対してドリルを配る」ことを想定し、何人分必要になるか、検証することにします。ここで「平均以下の児童だから、児童数の半分」と単純に考えて計上すると、過不足を起こす恐れがあります。

そこで、模擬テスト（各科目100点満点、平均点は50点）の結果を使い、テストの点数と得点した児童数の分布をグラフにしました（図表12）。

国語では、平均値付近が一番多く、真ん中から左右均等にデータが分布しています。この分布を「正規分布」といいます。正規分布のときは、「児童数の半分」という単純な想定でも過不足は起こりません。

しかし、算数では、平均値よりも低いデータに、さらに、社会では、平均値よりも高いデータに大きな広がりがあります。この 3 つの教科では、すべて平均値は50点です。しかし、中央値は、国語では50点ですが、算数では45点、社会は55点となります。このように、平均値は同じであっても、その中のデータの分布により「中央値」は変化します。

図表12　模擬テストの点数の分布

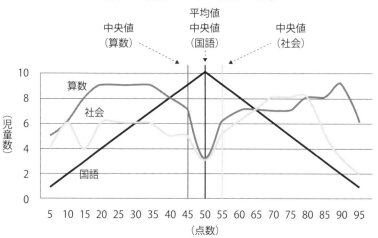

▶中央値からわかること

　図表12の算数や社会のように分布に偏りがある場合、特に平均値と中央値の乖離が大きい場合は、単純な計算結果とは隔たりが生まれます。

　例えば、算数のデータは、「中央値」が平均値より低い、すなわち平均値より低い児童のほうが多いことになります。逆に社会では、平均値を超えている児童のほうが多いことになります。したがってドリル配付は、算数は多め、社会は少なめにすべきという分析になります。

　平均は「中央値」と一緒に確認する習慣を身につけておけば、より確かなエビデンスづくりに役に立つはずです。

7 相関分析
── 2つの要素の関係性を調べる方法

現状を知りたいときに使える分析

▶分析の幅が一気に広がる相関分析

　続いて身につけたい基礎テクニックは、「相関分析」です。

　「相関がある」とは、互いに関係があるという意味ですが、まさにデータとデータの相関を探し出し、エビデンスとするための分析が「相関分析」です。ただし、分析のために難しい計算方法を覚える必要はありません。本書ではMicrosoft社のソフトに備わっているグラフ作成機能を使うので、安心してください。

　この「相関分析」で、密接な関係にある2つのデータを見つけ出すことができれば、分析が一気に楽しくなり、苦にもならなくなりますので、ぜひトライしてみてください。

▶相関分析の手順1：散布図を作る

　例えば、「標準財政規模」と「財政調整基金残高」の間に、相関関係があるか、確かめるとします。相関関係があるとすれば、「いつもの収入が多い自治体は、いざというときの貯えも多い」ことがいえます。

　まず、2つのデータの関係性を可視化するためのグラフ「散布図」を作ります。そのための準備として2つのデータが入力されたデータベースを用意します。今回は「標準財政規模」と「財政調整基金残高」を調べてExcelで図表13のようなデータベースを作成します。ここでは、「市町村別決算状況調2018」からデータを入手しますが、財政規模や構造の違う政令指定都市と東京23区は参考にならないため、それらを除く772市のデータを用いることにします。

これを基に散布図を作成します。Excelでは、2つのデータ（「標準財政規模」と「財政調整基金残高」）の列のすべての数字を選択した状態で、挿入タブにあるグラフ作成ツールの中から「散布図」を選ぶだけで作成できます。

　これで図表14のような散布図が出来上がりです。横軸は「標準財政規模」、縦軸は「財政調整基金残高」となります。黒い丸は全国の自治体それぞれの実際の金額を表します。これにより散布図からデータがどのように分布しているのかがわかります。

図表13　散布図に用いるデータベース例

コード	市名	標準財政規模（億円）	財政調整基金残高（億円）
012025	函館市	703	54
012033	小樽市	315	30
⋮	⋮	⋮	⋮
472158	南城市	113	33

図表14　散布図の例

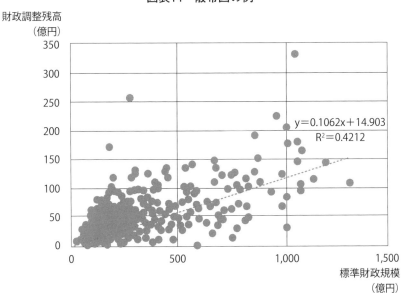

財政調整残高（億円）

$y=0.1062x+14.903$
$R^2=0.4212$

標準財政規模（億円）

▶相関分析の手順2：近似曲線で相関を確認する

次に、相関関係があるか調べるために「近似曲線」と「R-2乗値」を出します。「近似曲線」とは、散布図の黒丸の分布傾向を線で表したものです。また「R-2乗値」は、近似曲線が散布図の黒丸の分布傾向をどれだけ正確に表しているのかを示すもので、最大値は1です。この数値が高ければ高いほど、「2つのデータには相関がある」ということになります。0.3以上で相関がある、0.6以上で強い相関があるとされます。

出来上がった散布図の黒丸の1つを右クリックし、「近似曲線の追加」をクリックすると表示される「近似曲線の書式設定エリア」では、「グラフに数式を表示する」と「グラフにR-2乗値を表示する」のチェックボックスをオンにします。前頁の図表14ではR-2乗値が0.4212なので、強くはありませんが、「標準財政規模」と「財政調整基金残高」には相関があるといえます。ちなみに、相関が強くない理由には、特殊事情による外れ値といえるようなデータもいくつか見受けられることがあるでしょう。

▶相関分析で相対的に現状を知る

自治体の日常的な仕事の中で、何かを改善したいときには、必ずといっていいほど他の自治体との比較を行うことでしょう。この時、他の自治体と比較して多いのか、少ないのか。また、高いのか、低いのかを判断するときにも、「相関分析」が役に立ちます。相関関係があることがわかれば、近似曲線の式を用いて、同じ規模の自治体との比較をすることができます。先ほどの例を応用し、「相関分析」を用いて、他自治体との比較から現状を把握する作業をしてみましょう。

標準財政規模が300億円の市で、財政調整基金をどのくらい積み立てればよいのか、目安を知りたい。

▶現状把握する手順１：相関関係の目星を付ける

　まず、知りたいデータが何によって左右されるか、目星を付けます。ここでは、財政調整基金の積立額には決まったルールがなく、それぞれの自治体の財政状況により左右されるはず、と目星を付けます。

　目星を付けたら、適当なデータを探し、相関分析を行います。ここでは、先ほどの相関分析の手順どおり分析を行います。そこで相関関係があると、目星は当たっていたことになります。

▶現状把握する手順２：目安を計算する

　次に、近似曲線の数式を用いて出したい値を計算します。ここでは、手順によって散布図上に表示された数式「$y=0.1062x+14.903$」を使用し、想定自治体の必要とされる財政調整基金の積立額の目安を計算します。これは、中学校の数学で習った「$y=ax+b$」という二元一次方程式です。今回の場合は、y が縦軸である「財政調整基金残高」、x が横軸である「標準財政規模」となります。

　したがって、この時の標準財政規模が同規模の全国の一般市の標準的な財政調整基金の残高は、数式に当てはめ、$0.1062×300+14.903=46.763$、約47億円と求めることができます。

▶目安ではあるがそれが答えではない

　上述の相関分析の結果、想定自治体と「標準財政規模」が同規模の自治体では、積み立てるべき財政調整基金の目安は47億円程度であることがわかりました。「コロナ禍における経済対策で財政調整基金の多くを取り崩してしまったので、コロナ禍の終息後に必要となる財政調整基金の額を知りたい」という時などにも、今回の計算が役立つでしょう。

　しかし、この金額は、あくまでも平時における目安です。

　コロナ禍などの未曽有の経験が今後も新たな形で起きないとは限りません。非常時の経験を活かし、その時に備えるためにも、財政が受けた影響をしっかりと分析し、さらなる上積みを図るためのエビデンスを考える必要があります。

8 回帰分析
──因果関係を調べる方法

将来を予測したいときに使える分析

▶相関分析に慣れれば回帰分析も大丈夫

　3つ目に身につけたいテクニックは、「回帰分析」です。これは、「因果関係」を調べるための一つの方法です。「相関分析」は、データとデータの関係、「回帰分析」は、データが他のデータに与える影響（データの動きの傾向）を知ることができます。

　難しい公式を覚える必要はありません。また、計算は、「相関分析」とほぼ同じなので、自信をもって取り組んでください。

▶グラフを作る

　相関分析と同様、関係性に目星を付け、調べるデータを用意します。ここでは、「年間有収水量（検針メーターでカウントされた水道使用量）」と「給水人口」の因果関係を調べることとし、これらのデータを用いて、推移をまとめます。

　まず、このデータをグラフ化します。前項の相関分析では散布図を用いましたが、今回の年間有収水量と給水人口のように単位に大きな差があるデータを1つのグラフで表す場合は、棒グラフと折れ線グラフの組み合わせグラフを使うとわかりやすくなります。

　Excelで作った図表15のセルをすべて選択した状態で挿入タブ「グラフ」中の「組み合わせ」を選択します。折れ線は、第2軸を選択します。

　出来上がったグラフの棒と折れ線の任意の場所をそれぞれ右クリックし、近似曲線を加え、相関分析と同様に「R-2乗値」と「数式」を表示

させると、図表16のようなグラフとなります。

　近似曲線は2つとも、R-2乗値は0.9を超え、それぞれの直線は、データが年が経つとともに一定割合で減少しているという因果関係を強く示しました。これは、「2011年から2019年までの間、給水人口は年に応

図表15　ある自治体の年間有収水量及び給水人口の推移（表）

年	年間有収水量（万m³）	給水人口（人）
2011	2,037	169,986
2012	1,996	169,759
2013	1,957	168,932
2014	1,901	168,274
2015	1,891	167,140
2016	1,874	166,425
2017	1,873	165,886
2018	1,849	165,321
2019	1,829	164,824

図表16　ある自治体の年間有収水量及び給水人口の推移（グラフ）

（万m³）　　　　　　　　　　　　　　　　　　　　　　　（人）

$y＝－698.38x＋170886$
$R^2＝0.9876$

$y＝－24.429x＋2034.2$
$R^2＝0.9193$

■ 年間有収水量（万m³）　　　── 給水人口
…… 線形（年間有収水量（万m³））　…… 線形（給水人口）

じて一定割合で減り続けている」また「年間有収水量も年に応じて一定割合で減り続けている」ということになります。

▶回帰分析で将来を知る

「回帰する」というのは、「元の場所に戻る」または「それを繰り返す」という意味です。つまり、「回帰分析」では、あるデータが将来行きつく場所を別のデータによる関数によって求め、エビデンスとすることができます。自治体経営が年々厳しさを増していく中で、将来予測は必須のため、大変便利なデータ分析です。

そこで、将来の値を予測する回帰分析を、具体的な例を次のとおり想定して作業をしてみましょう。

水道事業会計の経営計画を立てるため、2030年の年間有収水量がどれくらいになるのかを想定したい。

▶回帰分析の近似曲線で将来を予測する

前頁の図表16で示された減少傾向が今後も続くという仮定のもとに、近似曲線を表す数式を使って、2030年の年間有収水量を予測します。

xは横軸なので、年を表しますが、西暦をそのままでは計算できません。計算しやすいように2011年を1とします。すると、2030年は、19年後なので、20となります。これを数式に当てはめると、$y = -24.429 \times 20 + 2,034.2 = 1,545.62$ となり、2030年における年間有収水量は、現在と同じペースで給水人口が減少していくと仮定すると、約1,546万 m^3 まで減少することになります。

また、2019年と同じ事業費が必要と仮定すると、1,829万 $m^3 \div 1,546$ 万 $m^3 = 1.183$ となり、現在の水道料金から平均18.3%の値上げが必要となることもわかります。

このように早い段階から回帰分析により予測しておけば、計画的な水道料金の改定を行い、契約者の負担感を和らげることが可能です。

▶将来の値から逆算する

　なお、将来の給水人口から年間有収水量を逆算することもできます。図表16の2つの数式から計算することもできますが、ここでは数学が苦手な方でもできるように、より単純な相関分析の方法を使うことにします。その方法は、前項の手順で図表15のデータから散布図にR-2乗値と数式を表示させます。

図表17　年間有収水量と給水人口の相関関係

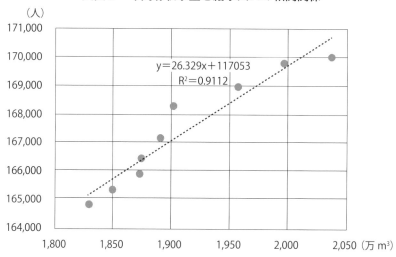

　R-2乗値は0.9を超え、給水人口と年間有収水量に強い相関があることがわかるので、数式を使い計算してみます。例えば、将来給水人口が15万人となる場合の年間有収水量は、150,000＝26.329x＋117,053、x＝（150,000−117,053）÷26.329≒1,251（万m³）となります。

　実務では、年間有収水量の見込みを立てるときには、給水人口以外の増減要因も加味し、もう少し複雑な分析をしますが、まずは、回帰分析を身につけるために、シンプルな考え方で解説しました。

9 標準偏差
——データの集まり具合を知る方法

成果の検証や他の分析の精度を高める分析

▶標準偏差でデータがどこに集まっているかを知る

　「偏差」という言葉を聞くと、多くの方は「偏差値」を思い出すかもしれません。「偏差」というのは、「平均値との差」のことです。したがって、「テストの偏差値」というのは、テストの平均点からどれだけ離れているのかを表す値ということになります。

　「偏差」の付く言葉の中で、特に覚えておきたいのは、「標準偏差」です。これは、平均値を中心にしてデータの集まり具合を知るための値です。「標準偏差」を知れば、データの中から、「だいたい似ているものの集団」を作ることができます。

　図表18にデータ全体の平均値は50、標準偏差が15となる正規分布（平均値が中央値であり最頻値となる分布）を表しました。グラフの灰色の部分が標準偏差の範囲内のデータとなります。平均値と標準偏差の関係におけるデータの集まり具合は、図表18のような正規分布の場合は、以下のとおりとなります。

平均値±標準偏差の中（35〜65点）には68.3%のデータが集まる

平均値±（標準偏差×2）の中（20〜80点）には95.4%のデータが集まる

平均値±（標準偏差×3）の中（5〜95点）には99.7%のデータが集まる

▶データの散らばりを見る

「標準偏差」の別の役割として、データの散らばり具合を知ることができます。

図表18　正規分布のグラフ（平均値50：標準偏差15）

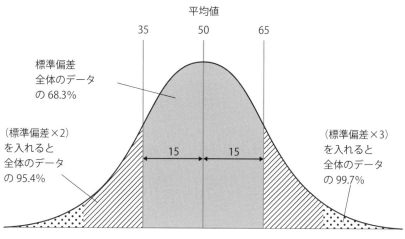

図表19　正規分布のグラフ（平均値50：標準偏差40）

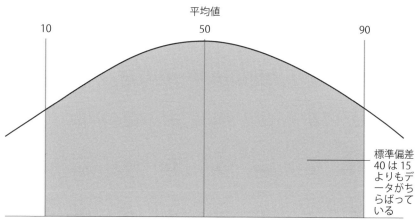

具体的には、標準偏差が小さければ小さいほどデータが平均値近くに多く存在し、極端な例でいえば、標準偏差が0であれば、すべてのデータが同じ値となります。また逆に、大きければ大きいほど、平均値から離れたところにも多くのデータが存在することになります。

例えば、2-7で行った相関分析のためのグラフ（図表14）を見てください。データは、少ないところから多いところまで様々に散らばっています。ここでは図表14のデータの平均値と標準偏差を調べてみることにします。

Excel のデータベースから、標準偏差は「=STDEV.P（データの始まりのセル：データの終わりのセル）」で、平均値は「=AVERAGE（データの始まりのセル：データの終わりのセル）」で求めることができます。

772自治体の標準財政規模の平均値は238億円、標準偏差は207億円、財政調整基金残高の平均値は40億円、標準偏差は、34億円と計算されました。どちらも標準偏差が平均値の80％を超えています。標準偏差を平均値50の80％である40とした正規分布のグラフを描くと図表19となります。図表18と比較すると、多くのデータが幅広く分布していることがわかります。

このように標準偏差を他の自治体と比較することにより、例えば、子どもの学力や高齢者の医療費など、できるだけ正規分布に近いほうが好ましいデータについて、評価することができます。

また、できるだけ平均値に近いデータを増やし、正規分布に近づけたいような施策では、この標準偏差が小さくなったかどうかで、成果を検証することができます。

▶相関分析の精度を高める

標準偏差を使って相関分析の精度を高めることも可能です。傾向から大きくはずれているデータを取り除くことができるからです。

例えば、2-7で行った相関分析のグラフ（図表14）を見てください。政令指定都市と東京23区は除いてあるものの、自治体の財政状況は様々です。このデータを一つの尺度で、標準偏差内に収まるものだけを

使い、相関分析の精度を高めてみます。

　まず、それぞれの自治体は、人口規模が違うので、財政調整基金の総額も大きく違います。そこで、相対的な比較ができるように住民一人当たりの額で比較します。772自治体の平均値は5.5万円/人、標準偏差は4.5万円/人となります。標準偏差の範囲内（5.5＋4.5＝10万円、5.5－4.5＝1万円）である10.0万円/人～1.0万円/人の自治体は、654自治体となり、そのグラフが図表20です。

図表20　標準偏差から外れるデータを除いた散布図

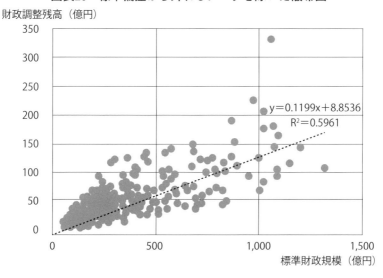

　R-2乗値は図表14での0.4212から図表20では0.5961まで高まり、この数値であれば、胸を張って相関があるといえそうです。また、標準財政規模が300億円の場合の数式から計算された財政調整基金の残高も図表14での46.8億円から図表20では44.8億円（0.1199×300＋8.8536）に下がり、財政力豊かな自治体や、特別に国から交付された災害復旧費用を基金に積み立て、繰り越していたような一部の自治体が、2-7の相関分析での計算結果を上振れさせていたことがわかります。

　このように、分析の基礎テクニックを応用すると、さらに分析が深まり、そしてエビデンスとして役に立つものになっていきます。

コーホート分析①
──集団ごとの特徴を調べる方法

集団に分けて推移を比較する分析

▶集団で見る

　分析の基礎テクニックの最後は、「コーホート分析」です。「コーホート」とは、同じ性質を持つ集団のことです。したがって、「コーホート分析」とは、データを集団にまとめて時系列で比較して分析する手法です。自治体職員としてぜひ身につけておきたいのは、「年齢コーホート分析」です。

▶人口が増え続けるまち

　図表21は、千葉県流山市の統計書をもとに作成した住民基本台帳人口（各年4月1日現在）の推移です。

　1970年代から80年代にかけて人口が急増しているのは、ベッドタウンである首都圏の自治体に共通してみられる傾向です。しかし、2000年代には横ばいとなり、2010年代には減少に転じている自治体も多い中で、流山市は、2005年代以降、第二の増加期を迎えています。

　人口が増えた、あるいは減ったといっても「どの世代の人口が増えているのか」などその中身には、それぞれ特徴があるはずです。それを年齢コーホート分析により、明らかにします。

図表21　流山市の人口と対前年増加率の推移

（万人）

凡例：人口　対前年増加率

▶集団を作り、変化を比べる

　2000年代から2010年代の推移を分析するため、まず、流山市の2004年、2009年、2014年、2019年の各年の4月1日現在の住民基本台帳人口から5歳階級別人口を出します。この5歳刻みのそれぞれのデータが「コーホート」となります（図表22）。

　次に年齢コーホート分析のため、それぞれのコーホート増加率の変化をグラフに表します（図表23）。例えば2004年に0〜4歳の欄に属していた子どもは、5年後の2009年には5〜9歳の欄に属すので、その数字の変化（＋5.8%）をプロットします。

▶特徴を知る

　人口が増えているといっても、全世代が増えているわけではありません。図表23のどの年の折れ線も、30歳から34歳の増加率が最も大きくなります。また、5歳から9歳の増加も目を引きます。この2つの傾向から、就学前の子どもを持つ子育て世代が流入し続け、しかも加速していることがわかります。このように、コーホート分析を行うことで、集団ごとの特徴（ここでは世代）から変化の本質を知ることができます。

図表22　流山市の5歳階級別人口の変化（人）

	コーホート 0〜4歳	5〜9歳	10〜14歳	15〜19歳
2004年	6,764　5.8%	6,830	6,763	8,060
2009年	7,335　8.6%	7,158	7,020	6,854
2014年	8,671	7,968	7,378	7,311
2019年	11,280　15.4%	10,007	8,449	7,631
	20〜24歳	25〜29歳	30〜34歳	35〜39歳
2004年	10,163	11,184	12,907	10,414
2009年	8,675	10,552	12,465	13,903
2014年	7,551	9,546	12,627	14,301
2019年	8,344	9,871	13,793	15,762
	40〜44歳	45〜49歳	50〜54歳	55〜59歳
2004年	8,854	8,791	11,776	12,839
2009年	10,790	8,988	8,847	11,694
2014年	14,844	11,284	9,158	8,944
2019年	15,946	15,582	11,540	9,235
	60〜64歳	65〜69歳	70〜74歳	75歳以上
2004年	11,878	8,413	6,091	8,979
2009年	12,571	11,522	7,955	12,097
2014年	11,456	12,290	10,979	16,185
2019年	8,941	11,253	11,798	22,360

図表23　流山市の年齢コーホート分析

（5年前からの増加率）

▶さらに違いを補足する

　コーホート分析の結果得られた集団ごとの特徴は、他の情報からも補うと、より強いエビデンスになります。

　例えば、流山市の人口は、2005年ごろから増加率が高まり始めています（図表21）。

　2005年は、茨城県つくば市と東京の秋葉原を結ぶ「つくばエクスプレス」が開業した年です。流山市内には、秋葉原駅まで30分程度で行ける駅が3つあり、駅周辺の開発も加速し、人口流入につながっています。

　しかし、鉄道の開業だけでは、子育て世代の大量流入の説明がつきません。同じ「つくばエクスプレス」沿線にある柏市、つくば市も、流山市とともに人口増加が続いています。この3市における平成30年の転入超過数を24歳以下、25歳以上40歳未満、40歳以上の3つに区分し、それぞれの割合を示すと、図表24のとおりとなります。25歳以上40歳未満の割合は、流山市が突出していることがわかり、流山市の子育て世代の人口増加について、さらに強いエビデンスが得られます。

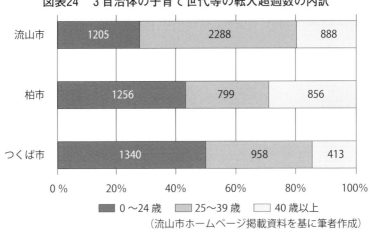

図表24　3自治体の子育て世代等の転入超過数の内訳

（流山市ホームページ掲載資料を基に筆者作成）

11 コーホート分析②
——政策への活用

分析結果の原因を探り政策のヒントを得る

▶原因を推測する

　コーホート分析による集団ごとの比較・分析の結果を用いて、さらなる分析を行うことで、政策のヒントを得ることも可能です。

　前項の例では、コーホート分析で、流山市の人口増加の特徴は「子育て世代の流入が急速に起こっていること」がわかりました。

　この分析結果から、「なぜ、子育て世代が流入するようになったのか」知ることができれば、自分の自治体の人口減少を緩やかにするとき、あるいは食い止めるときのヒントになることもあります。

　「母になるなら、流山市。」というキャッチコピーをご存じの方も多いはずです。これは、2011年から流山市がシティセールスのために使い始めた言葉です。

　そして、流山市は、この言葉を使う以前から、2006年に乳幼児医療費助成対象を就学前児まで拡充、2007年に流山おおたかの森駅前に県内初の送迎保育ステーションをオープン、2008年に南流山駅前に送迎保育ステーションをオープンさせるなど、つくばエクスプレスの開業とともに、市を挙げて子育てしやすいまちになるための戦略的な取組みを展開しています。

　流山市公式PRサイト「母になるなら、流山市。」のページを見ると、今もなお、このキャッチコピーとともに、出産から教育に至るまで、「母」に対する充実した施策が並んでいます。こうした自治体の一貫した姿勢が子育て世代に評価され、多くの家族が流入し続けているのだと推測できます。

▶人口に係る施策は年齢コーホート分析で

　なお、老婆心になりますが、人口流入はいずれ止まります。一時期に大量に流入した子育て世代も必ず年を取ります。

　高度経済成長期にベッドタウン化した自治体には、今、若い人たちは出ていき、高齢の夫婦だけが残るような、ニュータウンがオールドタウン化した住宅地が広がります。

　若いころには苦にならなかった坂道も、高齢者には苦労の一つとなり、駅まで歩いていくのは難しくなりました。また、団地内にあったスーパーは撤退し、買い物難民といっていい状態になるなど、様々な行政の支援を必要としています。

　前項の図表22に戻って2019年の40歳代を見てください。 2つの階級合わせて 3 万人以上です。これは2019年の70歳以上の合計数に匹敵します。この 5 歳階級別の表（図表22）に示されたコーホートからは、流山市には、30年後の2050年ごろに再び住民の高齢化問題がやってくることがわかります。

　流山市へは、2010年ごろから子育て支援を戦略的に進めてきたのと同様に、将来の住民の高齢化対策にも、全国の手本となるような戦略的取組みが行われることを期待しています。

スマホデビュー

　2020年10月、56歳にしてスマホデビューしました。それまでガラケーしか使っていなかったわけではありません。格安SIMを入れた7インチのタブレットを併用していました。

　それまでスマホにしなかった最大の理由は、「料金の高さ」です。ガラケーとタブレットの併用で月2千円台の料金で済み、ゲームアプリの○○○○Goも、SNSの○○○○bookもできて何の不自由もないので、6、7千円の料金になるスマホに変える必要はありませんでした。

　そしてもう一つの理由は、「馬」です。私の趣味はと聞かれれば、迷わず「馬」と答えます。ただし、「乗る馬」ではなく「競う馬」です（こちらのデータ分析は、全然うまくいきませんが）。

　さらには、5年前からその「競う馬」に投票するだけではなく、一口馬主となることも趣味に加わりました。そのために必要なお金は、月4〜5千円、ガラケー＋タブレット＋一口馬主＝6、7千円となります。

　限られたお小遣いの中では、私には「スマホ＋一口馬主＝1万円超」という選択肢は、考えられなかったのです。

　しかし、携帯電話会社は狡猾です。ガラケーユーザーに「3G回線終了のお知らせ」「スマホデビュープラン」など、矢継ぎ早に誘惑を仕掛けてきました。そのさなか、タブレットが不調の兆しを見せ始めました。

　冷静に情報を分析してみたところ、データ使用量2Gまでなら、機種代金込みで2千円台となることが判明。それならば、「スマホ＋一口馬主＝6、7千円」となるということで、晴れてスマホデビューです。

　感想は、一言でいうと「便利」。そしてバーコード決済の○○ペイも始め、マイナポイントにも登録。なんだかよくわからないうちに、ポイント残高が勝手に増えていきます。スマホって「どうなってんだこりゃ」。何ごともやってみなきゃ損ですね。

CHAPTER 3

現状を
把握するための
データ活用

① データ活用の第一歩は現状分析

改善のヒントが見つかる現状分析

▶まずはパンドラの箱を開けてみよう

　日頃の業務でデータ活用したいと思ったとき、まずトライしてほしいのは、担当する仕事の現状を分析することです。

　「毎年予算がついているし、議会から何かを指摘されたこともありません。それなのになんで分析を？」と思う方もいるかもしれません。

　しかし、私たち自治体職員の日常業務は、前例踏襲など曖昧な根拠で行われていることが多いのです。果たして、その結果が本当にベターなのかはわかりません。改めて現状分析することにより、自分の仕事を見つめ直してみてください。

　何の問題もないと思っていた自分の仕事の現状を改めて分析をすること、それは、パンドラの箱を開けることになるかもしれません。いやなこと、面倒くさいことがたくさん起きるかもしれません。でも、パンドラの箱から最後に出てきたのは「希望」です。現状分析でも、最後にはきっと改善につながるヒントを見つけることができるはずです。

▶現状分析の基本は推移と比較

　現状分析の基本は、「推移を見ること」と「他自治体との比較」です。

　まず「推移を見ること」ですが、自分の仕事に関するデータを自分が担当する以前にさかのぼって用意します。最低でも10年間、できれば20年間くらいあればベターです。そして、そのデータを折れ線グラフや棒グラフにして眺めてみてください。何か気付くことがあるはずです。

　例えば、サービス利用者が過去10年では毎年増加傾向になかったとし

ても、直近 3 年間で100人ずつ増えていることに気付くかもしれません。改善のヒントは、こういう「変化がある」ところに隠れています。

　この変化の主要因が、公民館で行っている成人講座だったとします。あなたは、前任者に尋ねると、2018年に「高齢者を対象にしたスマホ教室」が始まっていたことがわかりました。しかも、2018年は50人の参加だったが好評で、2019年には 2 回開き150名が、そして、2020年には回数も 3 回に増え250名が参加しています。

　今年仕事を引き継いだあなたには、その講座の参加者の数は、単に前任者が用意した予算による今年の結果です。何とも思わなかったかもしれませんし、来年も今年と同じ内容と予算にしようと思っていたかもしれません。

　しかし、推移を分析したことによって、こうした時代の流れに乗った成人講座の開設が利用者の増加につながることがわかり、改善のヒントが見つかります。そして、さらに別の講座も増やし、そのための予算を要求するためのエビデンスも用意できます。

▶マクロとミクロの視点を持つ

　次に「他自治体との比較」です。この場合に注意しなければならないのは、自治体の規模や財政状況は様々だということです。自分の自治体のデータを単なる数字のままで比較するのではなく、何らかの指標に直します。例えば、「住民一人当たりの〇〇」や「 1 ㎢当たりの〇〇」です。こうすることにより、客観的な比較が可能となります。

　どんなに自分の自治体が広いと思っていても、日本地図の中で見れば、一つの自治体の中で起きていることは、とても狭い範囲で起きていることにすぎません。広い範囲で比較することにより、客観的な現状の分析ができるようになります。日常的に客観的比較を多用するようになると、おのずと視野も広がり、俯瞰的な発想力も養えます。

適したデータの種類を選ぶ

不適切なデータは精度の低いエビデンスを生む

▶データの活用は、内容を精査して行う

　データによる分析では、様々なデータを集めます。しかし、そのデータを使う前に、これから自分が作ろうとするエビデンスに本当に適したデータであるか否か、内容の精査が必要です。

　例えば、自治体の財政の規模を知りたいとき、総務省が公表する市町村別決算状況調の結果から、「基準財政需要額」「基準財政収入額」「標準財政規模」「歳入総額」「歳出総額」の5種類のデータが得られます。

　この中からどのデータを用いるのか。それは「標準財政規模」でしょう。総務省が発行している「地方財政白書」では、「標準財政規模」を、その「地方公共団体の標準的な状態で通常収入されるであろう経常的一般財源の規模を示すもので、標準税収入額等に普通交付税を加算した額」と説明していますので、このデータが最も財政規模の実態を知るのに適しているといえます。

　「基準財政需要額」と「基準財政収入額」は、基本的には財政力指数を計算するための財政規模です。「基準財政需要額」は、毎年変わる係数により、また「基準財政収入額」は、一律に0.75を乗じることにより調整されています。これらのデータは調整分を計算に加味しなければならず、直接的に規模を知ることはできません。

　「歳入総額」は、「一時的に基金を取り崩した」「借入金を増やした」などの理由から平時の歳入とは異なる自治体のデータも含まれます。「歳出総額」でも同じです。「何か大きな建設事業を行った」「災害復旧工事を行った」などの理由により一時的に増えている場合があります。

使用する際には、増減の内容をよく確認するなどの手間が必要です。

▶総人口なのか、生産年齢人口なのか

「少子高齢化による人口減少が進み、税収が減少する。」——よく聞くフレーズですが、この説明は正確でしょうか。答えは否です。

人口減少＝税収減少ではありません。2–2では一口に「人口」といっても、様々なものがあることを解説しました。

最も税収の減少をもたらす「人口の減少」は、年齢3区分別人口のうちの「生産年齢人口の減少」です。生産年齢人口は、15歳以上65歳未満、（現代において15歳以上とすることには違和感を覚えますが）主な働き手となる世代、すなわち納税者となる世代です。

したがって、人口と税収の関連を示す場合は、「総人口」ではなく、図表25のような「生産年齢人口」がわかるエビデンスを示し、「少子高齢化を原因とする生産年齢人口の急激な減少は、税収の減少をもたらします。」と説明します。これなら聞いている側に正しく危機感が伝わります。

このように、内容を精査して、データの種類を吟味することが、より精度の高いエビデンスを作ることにつながります。

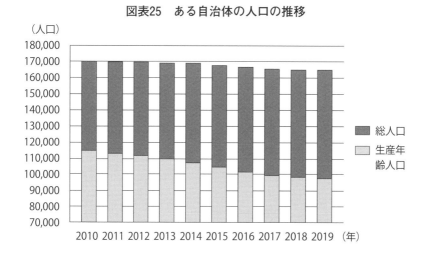

図表25　ある自治体の人口の推移

データの時間や日付が現状に近いか注意する

▶データは常に新しく

種類が適切であっても、古いデータでは意味がありません。

「昨年、時間をかけて探し出したデータなので、今年もそれをそのまま使いたい。面倒な作業はしたくない。」──その気持ちはよくわかります。しかし、今日のデータは、明日には過去のデータの一つです。データは、すぐに古くなり、状況は日々変わっていきます。

データが示す時期や時間ができるだけ現状に近いものでなければ、それを基にしたエビデンスの精度が下がります。

これは、現状把握に限ったことではありませんが、状況を的確に把握するためには、常に最新のデータを用意する必要があります。

▶時間や季節でも変化する

また、データには、季節や時間によっては、大きく差のつくものもあります。例えば、あなたが公共施設の午前中の利用状況に関する説明を求められたとします。

そのためのデータとして、すでにまとめられていて手っ取り早く入手が可能であった図表26のような年間利用者数を示し、「利用者が少ないB公民館では、午前中の利用者も少なく、利用も低調であると思われます。」という説明をしたとします。これでは、説得力がありませんし、信ぴょう性も疑わしいものになります。

午前中の利用状況を説明するには、午前中の利用状況がよくわかるようにひと手間をかけ、図表27のようなデータも示す必要があります。

図表27のデータから示せることは、「年間利用者数の多少にかかわら
ず、どちらの公民館も、午前中は活発に利用されています」となり、先
の説明が誤りであったこともわかります。

　他にも、例えば水道の使用量であれば、暑い日や晴れの日の使用量は
増え、逆に寒い日や雨の日の使用量は減ります。役所の窓口への来客者
など、月曜日は多く、雨の日は少ないというように、曜日や天候によっ
て変化するものもあります。

　データに影響を与えている要因をよく考え、似ている状況のデータを
使うことができれば、エビデンスの精度が飛躍的に向上するはずです。

図表26　公民館の利用状況

館名	年間利用者数
Ａ公民館	80,695 人
Ｂ公民館	29,718 人

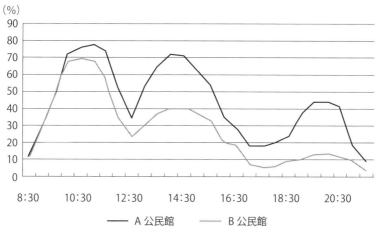

図表27　公民館の時間別利用状況

リアルタイムデータを活用して現状把握

常にデータは変化している

▶リアルタイムのデータも活用

　正しいエビデンスを示すには、現状把握のタイミングも大切です。

　例えば、コロナ禍の下では、経済活動が縮小し、多くの店舗や事業所では、大きな影響を受けました。自治体では、できるだけ早く経済支援策を検討するために、コロナ禍の影響を受けていることを示すエビデンスを、できるだけ早く作成することを求められました。このような緊急時には、特にリアルタイムのデータが役に立ちます。

▶替わりに使えるリアルタイムデータを探す

　しかし、リアルタイムデータを入手することはときに難しい場合があります。企業秘密である経営状況がリアルタイムで開示されていることはありません。また、売上げを聞き取り調査していたら、人手や時間がかかりますし、正確な答えかどうかもわかりません。

　そこで、他に経済活動状況がわかるようなリアルタイムデータを探します。例えば、人の生活や経済活動に必要不可欠な「水」です。水道水の利用状況の変化から、経済活動への影響を分析することができます。

　しかし、水道メーターの検針データの集計を待っていたら、1～2か月後にならないと手に入りません。そこで、リアルタイムで計測されている配水場からの配水量データを用います（図表28）。

　また、水が経済活動に影響していることを示すため、店舗や事業所が集中するエリアへ配水するA配水場に加え、比較対象として、住宅地が多いエリアに配水するB配水場のデータも調べ、エビデンスを強化します。

図表28　4・5月の水道水の配水状況

名称	月	2019年 日平均	2020年 日平均	増減	増減率
A配水場	3月配水量	6,825 m³	6,710 m³	△ 115 m³	△ 1.68%
	4月配水量	7,246 m³	7,016 m³	△ 230 m³	△ 3.17%
	5月配水量	7,745 m³	7,072 m³	△ 673 m³	△ 8.69%
B配水場	3月配水量	7,092 m³	7,111 m³	19 m³	0.27%
	4月配水量	7,037 m³	7,177 m³	140 m³	1.99%
	5月配水量	7,034 m³	7,239 m³	205 m³	2.91%

図表28のデータからわかることは、次の3つです。

---

① 　A配水場からの日平均配水量が大きく減っている。これは外出自粛などにより、店舗や事業所の経済活動が縮小していることを示し、収入に大きな影響が出ていると推察される。

② 　B配水場からの日平均配水量が増えている。外出自粛の影響から、家庭にいる時間が長くなり、水道使用量が増えていることから、家計の負担が増えていると推察される。

③ 　①②の傾向は緊急事態宣言後の4・5月により大きくなっている。

　図表28のデータは、神奈川県秦野市上下水道局が公表している実際のデータを用いたものです。秦野市では、店舗や事業所だけではなく、家計の負担も増えていることに考慮し、全契約者に対する水道料金の減額を2020年6月から9月まで実施しました。

　この例のように、できるだけ早い対応が求められるような場合には、正確に集計されるデータを待っているよりも、リアルタイムで計測されているデータを探し出し、活用することも大切です。

　今の状況は2月後にはまた別の状況になっているかもしれません。コロナ禍のように社会が急速に変化することもありますが、私たち自治体職員の仕事は住民の生活に直結します。社会の変化にできるだけ適確に対応できるデータをとらえる努力が大切です。

データは単位が結果を左右する

正確な分析結果にするため単位を再確認

▶データには単位があることに注意する

　皆さんが自治体の職員となった時、最初に戸惑ったのは、資料などで予算が千円単位で表されていることではなかったでしょうか。「1,000」表記であれば、「百万円」を表しますが、何度も千円と読み間違えませんでしたか。慣れるまでには、しばらく時間がかかったと思います。都道府県レベルでは、同じ予算の表記でも、百万円単位となり、同じ「1,000」表記でも、「10億円」を表します。

　このように、公表されているデータには、それぞれの算出ルールに基づく「単位」があります。データを活用し、分析を進めるにあたっては、まずこの「単位」をしっかりと確認しておく必要があります。

　百万円単位の予算を千円単位と読み間違えれば、データが1,000分の1になってしまうように、単位確認の作業をおろそかにすると、間違った結果を生む恐れがあります。確認の結果、「単位」が異なるものは、まず「単位」をそろえる作業が必要です。

　さらに、場合によっては、「単位」は同じでも、より説得力のある分析結果を示すために、あるいは、わかりやすい、見やすい資料とするために、「単位」を作り直すことが効果的な場合もあります。

　例えば、予算で「1,000,000千円」を「10億円」と表記する、人口が「1,000,000人」を「100万人」と表記するなどです。データの単位を的確に使いこなすことができれば、分析や説明のスキルアップになります。

▶絶対数か指標か

　データを使って様々な比較を行う場合、「絶対数で比較」する場合と、「指標に直して比較」する場合があります。特に自治体間の比較においては、どちらを選択するのかで、誤った判断を導いたり、住民に誤解を与えたりするので注意が必要です。

　2020年に広まった新型コロナウイルスの陽性者数を例にします（図表29）。この場合、「陽性者数」が「絶対数」であり、「人口1万人当たりの陽性者数」は指標に直した数です。

図表29　4都道府県の陽性者数の比較

都道府県名	陽性者数	推計人口	人口1万人当たりの陽性者数
東京都	91,834 人	1,392.1 万人	66.0 人
神奈川県	36,953 人	919.8 万人	40.2 人
北海道	16,440 人	525.0 万人	31.3 人
沖縄県	6,862 人	145.3 万人	47.2 人

厚生労働省「新型コロナウイルス陽性者数 (チャーター便帰国者を除く) と PCR 検査実施人数（都道府県別）【2020/1/15 〜 2021/1/22】」、総務省「人口推計（2019 年（令和元年）10 月 1 日現在）」を基に筆者作成

　絶対数で比較すると、最も人口が多い東京都が最も多く、最も人口が少ない沖縄県が最も少なくなり、人口の順に並ぶという一見すると当然の結果となります。

　しかし、「人口1万人当たりの陽性者数」という指標に直して比較すると、東京都＞沖縄県＞神奈川県＞北海道と順位が変わり、沖縄県では、より高い警戒感を持つ必要があることがわかります。そしてこのエビデンスを基に、住民に対し、より正しい注意喚起ができるようになります。

　このように、誰に何を伝えなければいけないのかをよく考えて、「絶対数で比較」するか、「指標に直して比較」するのかを選択してください。

アンケート活用で知っておくべきこと

▶「定性的」を「定量的」に変えるアンケート調査

　現状の把握は、すでに存在する数値データによるものだけとは限りません。例えば、「住民の声」です。「～が少ない。」「～をしてほしい。」など、自治体には日常的に「住民の声」が届きます。もちろん、その声はエビデンスの一つとなりえますが、気をつけなければならないのは、「その声が本当に大勢の住民の声を代弁しているものなのか」ということです。

　俗にいう「声の大きい人」の声だけをエビデンスとして、事業の方向性を決めていると、住民全体においては行政に対する不信感が募り、行政に対する無関心を生む原因ともなります。

　そこで、こうした声を「定性的な評価」（主観的な情報）から「定量的な評価」（客観的な情報）に変え、確認する必要があります。そのために多用されているのは、「住民意識調査」などと呼ばれる「アンケート調査」です。

　この「アンケート調査」は、自治体で行う場合住民基本台帳から「無作為抽出」した住民を対象に行うのが一般的です。このように、母集団（全体）から無作為で調査対象を選び出し、その結果を母集団における結果として推定する調査を「標本調査」といいます。出口調査の結果から、開票作業終了前に当選確実を出すテレビの選挙速報のイメージです。

▶結果には誤差があることを忘れずに

「標本調査」の結果には「標本誤差」というものが含まれます。

「標本誤差」とは、アンケート調査の結果と母集団における結果（実態）の間に生まれる誤差のことです。アンケート調査を行うときには、必ずしも実態を100％示していないことは頭に置いておきましょう。

同じ調査を100回別の標本（アンケート依頼者）で行った場合に、95回は標本誤差5％未満の範囲に収まると、かなり高い精度の調査とされます。これを「信頼水準95％」といいます。アンケート調査を行うときは、この点をクリアできる調査を心がけましょう。

ちなみに、信頼水準95％の場合の「標本誤差」は、標本数（アンケート依頼数）に応じて次の計算式によって求められます。

$$標本誤差 = 1.96 \times \sqrt{\frac{回答割合 \times (1-回答割合)}{標本数}}$$

本書では、難しい公式は覚えなくても大丈夫ということを謳い文句としていますので、Excelでの計算方法を解説します。図表30のような表を作り、B3セルには「=1.96*SQRT（b2*（1-b2)/b1)」という計算式を入力します。この表と一致していれば、正しい出来上がりです。

標本誤差は、回答者割合0.5（50％）で最大になりますので、標本数（回答者数）が400あれば、標本誤差は最大4.9％、つまり5％未満と考えることができます。例えば、二人の選挙区で400人に出口調査を行い、60％（60％±5％＝55〜65％＞50％）の人がA候補者と答えていれば、テレビの選挙速報では早々と当選確実を出せることになります。

図表30　Excelによる標本誤差の計算例

	A	B	
1	標本数	400	
2	回答者割合	0.5	
3	標本誤差	0.049	=1.96*SQRT（b2*（1-b2)/b1)

▶回答者数400でも十分な精度がある

　ここまでをまとめると、アンケート調査は400人の回答を得るだけでも、かなり精度の高いものであることがわかります。

　図表30のB1セルの標本数に1,000、2,000と入力すると、標本数1,000では最大3.1%、2,000でも最大2.2%の誤差が生まれます。標本数2,000を集めるためには、回収率が50%とすると、4,000人の調査が必要です。集計の手間や時間、費用も400人の場合とは大違いです。標本誤差・精度を意識し、回収目標とする標本数を決める参考にしてください。

▶誤差の意味をしっかりと理解しておく

　調査自体は、コンサルティング会社などに委託する場合も多いと思いますが、担当者として「標本誤差」を理解していないと、調査結果を誤って使ってしまう恐れがあります。

　例えば、標本数400で調査を行い、Aと回答したものが53%、Bと回答したものが47%だったとします。6ポイントも差があるので、Aが多数派と決めたくなります。しかし、回答割合53%の標本誤差は、約4.9%です（この例では回答割合47%のときも標本誤差の値は同じです）。

　したがって、母集団では、Aと回答するものは48.1〜57.9%の間、Bと回答するものは42.1〜51.9%の間となり、白黒つけがたい結果ということになります。標本調査の結果を説明に用いる場合は、標本誤差のことを念頭に置いた説明を心がけてください。

▶回答者数の偏りに注意する

　無作為抽出の意識調査を郵送による方式で行う場合、もう一つ気をつけたいことがあります。

　それは、世代による回収率の違いです。一般的には、高齢になるほど、回収率が高くなる傾向があり、結果に影響が及びます。

　例えば調査数1,000の無作為抽出による標本調査を行う場合、回収率を考慮しなければ、各年代の調査数は、実際の人口の割合と同じ割合の調査数となります。しかし、実際の回収率は、高齢になるほど高いもの

となると、実際の人口の割合から大きく変化してしまいます。

　図表31のシミュレーションの場合、60代以上は人口の割合48%に対し、回答者に占める割合は、64%にまで上昇しています。選挙の投票でも似たような傾向があり、この結果をそのまま施策に反映すると、いわゆる「シルバー民主主義」といわれる結果となってしまいます。

図表31　回答者の偏りのシミュレーション

年代	人口割合	調査数	回収率	回答者数	回答者割合
20代	10%	100	20%	20	4%
30代	12%	120	30%	36	7%
40代	14%	140	40%	56	11%
50代	16%	160	50%	80	15%
60代以上	48%	480	70%	336	64%
計	100%	1,000	53%	528	100%

　結果をそのまま使うのであれば、回答者に偏りがあることを明記します。
　また、偏りを防ぐためには、他の調査の年代別回収率から推定し、抽出する標本数を変える方法があります。例えば、推定回収率20%の20代回答者割合を人口割合と同じ10%にしたいのであれば、目標回答者合計数500人×人口割合10%÷推定回収率20%＝調査数250となります。同じように計算すると、それぞれの調査数は、30代200人、40代175人、50代160人、60代以上343人、合計の調査数は1,128人となり、総数がほぼ同じ、つまり手間や時間もほぼ同じで、より精度の高い結果を得られます。
　なお、インターネットによるアンケート調査を行う会社に委託すると、当初から年代別の回収数を指定することができるため、実際の人口割合に近い回答を集めることができます。ただし、人口規模の小さい自治体では、インターネット調査の会員数が少なく世代によっては回答者が集まらない欠点もあります。この場合は、インターネット調査は若い世代に限定し、補完する目的で同じ内容の郵送調査を使う方法もあります。

7 地理や歴史にも注意して分析する

数字以外も重要なエビデンスになる

▶エビデンスは数値データだけではない

　ここまでは、現状把握のためのデータ活用にあたり、数値データを活用することを重点的に解説してきましたが、数値データ以外にも現状の形成に大きな役割を果たしているものがあります。

　それは、それぞれの自治体の「地理」や「歴史」です。数値データによる分析からは非効率に見える現状であっても、「地理」や「歴史」をよく調べてから分析してみると、なるほどそういう事情だったのかと理解できることもあります。

▶水道料金は地理に影響を受ける

　地理に影響を受けるものの例には、水道料金があります。厚生労働省によると、2019年3月31日現在、日本の水道普及率（総人口に対する総給水人口の割合）は、98%です。ほとんどの日本人が受けている公共サービスですが、その対価は様々です。

　総務省が公表している「平成30年度地方公営企業年鑑」によると、口径13mmのメーターの場合、10m³/月当たりの料金が最も安いのは、兵庫県赤穂市の367円、逆に最も高いのは、群馬県長野原町の3,510円です。実に10倍近くの差がありますが、水道料金の差は、主に次のような理由から生まれます。

① 水源が地下水だと浄水費用が安く、河川水だと高い。また、水源確保のためダムを建設した場合、建設時の借金の償還負担が大きくなる。
② 配水区域内が起伏に富み、自然流下では配水できない場合、ポンプ場を建設・維持管理するコストがかかる。
③ 配水区域が広く、かつ、区域内の給水人口が少ない場合、配水管の延長当たりの有収水量が少ない。
④ 寒い地域は凍結防止で配水管を深く埋設するため、工事費が高い。

どの理由も数字を使って比較し、証明することはできますが、現状をもたらした根本的な原因となっているのは、地理や歴史であり、努力や工夫だけで、現状のすべてを克服できるものではありません。数字だけを比較するのではなく、こうした点にも注意を払った分析が必要です。

▶学校には歴史がある

現在の自治体の姿は、昭和、平成の大合併を経て出来上がっているものです。そうした歴史をふまえると、現状に合点がいくものもあります。

例えば、小学校の数です。明治時代に一村一校を目標に学校が作られ、その後合併が行われても、学校は引き継がれ、集落単位に残ってきました。明治時代のハコモノといえば、学校と役場だけという自治体が多く、校長は地域の名士の一人であり、学校では様々な行事が行われるなど、明治時代から現在まで地域の中心となっていました。

今、全国で多くの学校が統廃合されていますが、中でもこうした古い歴史を持つ学校の統廃合は、数字データだけでは一筋縄にはいきません。

▶地理や歴史を学ぼう

その自治体で生まれ育っていない職員は特に、地域の地理や歴史、住民の気質など、データ以外にも学ぶべきものが多くあります。

分析のテクニックを磨くのと同様に、データ以外のエビデンスにも注意を払いながら、エビデンスに関する熟度を高めていってください。

8 異なるルールを当てはめて 現状を分析する

方式を変えて答えを導く

▶異なる方式を当てはめて現状を見る

　現在の状況を知るために、他の自治体との比較を行うことはよくあることです。しかし、そもそもとして現在の事務処理のルールに致命的ともいえる欠点があるような場合、同じルールに従って事務処理を行っている他の自治体と比較しても答えがわからない、あるいは答えが出ないということもあります。

　こうした場合、異なる事務処理方式を当てはめてみることによって、答えが見えてくる場合があります。

　例えば、公共施設の建物管理などに用いられる、建設事業費で考えてみましょう。厳しい財政状況が続く中、どの自治体でも十分な確保ができていないのが現状です。不足している自治体同士を比較しても、どれくらいの建設事業費を確保すればよいのか、現状ではどれくらい不足しているのかの答えは出ません。そこで、自治体に必要な建築事業費を計算できる事務処理方式を当てはめると、これらの答えを得ることができます。

▶異なる会計方式で見えない答えが見える

　一般会計や特別会計では、「官庁会計方式」を採用しています。これに対して、上下水道や公立病院、公営交通事業の会計は、企業としての経済性を発揮するため、地方公営企業法に基づき、「公営企業会計方式」を採用しています。

図表32　官庁会計方式

図表33　公営企業会計方式

【収益的収支予算】

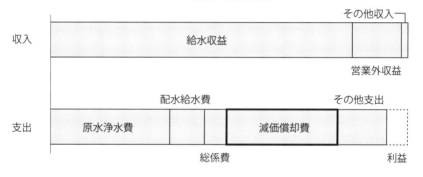

【資本的収支予算】

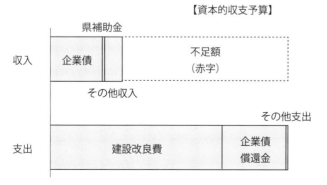

「官庁会計方式」では、図表32に示すとおり、歳入と歳出が同額の予算を組みます。また、自治体自らが歳入の根幹となる地方税を大きく増やすようなことはできないので、歳出を歳入予算に合わせることが予算編成の要となります。このため、特に財政状況が厳しくなると、大きな費用がかかる建設事業費が目を付けられ、削られたり、先送りされたりします。

　これに対して公営企業会計は、図表33に示すとおり、収益的収支予算と資本的収支予算で構成されています。図表33で、水道事業を例にとって説明すると、収益的収入の根幹をなす給水収益（水道料金収入）は、必要な費用から逆算をして、公営企業自らが決めることができます（ただし、議会の議決は必要です）。

　つまり、収入と支出を一体にしてコントロールすることができるので、適正な使用料設定の下で健全経営が行われていれば、建設事業費を必要以上に削ることはありません。

▶公営企業会計の減価償却に着目する

　官庁会計と公営企業会計には、決定的な違いがあります。それは、公営企業会計では、減価償却費をはじめとする現金の移動が伴わない支出を費用として予算計上し、支出の処理をすることにあります。

　具体的には、減価償却費の支出処理をすると、これに充てたお金は、実際には第三者に支払われたわけではないので、内部留保資金となります。このお金に収益的収支の利益を加えたお金が、資本的収支予算の赤字を補填し、さらには、翌年度以降の資本的収支予算の赤字補填のための内部留保資金となります。

　公営企業会計では、このサイクルを維持できるようにサービス受給者から受け取る対価（水道料金）を決めているので、現在または将来の計画的な施設の更新が可能となるわけです。

▶官庁会計方式に当てはめてみる

　この公営企業会計のルールを応用すると、本項の冒頭で問題提起した一般会計の建設事業費が現状でいくら不足しているのかがわかります。

　まず、一般会計でも地方公会計制度の採用が進み、貸借対照表を作成しているので、そこから減価償却費の額を把握します。そして、その年度の建設事業に充てた起債と補助金を加えると、投資すべき額が把握できます。実際の投資額等は、建設事業費に過去の建設事業に充てた借金の償還金を足します。投資すべき額と実際の投資額等の差が不足している額とみることができます（図表34）。

図表34　公営企業会計方式を応用した必要投資額の把握例

投資すべき額	減価償却費 15億円	建設債 5億円	補助金 5億円
実際の投資額等	建設事業費 10億円	建設債 償還金 5億円	不足額 10億円

　この計算方式で現状を把握することはできます。ただし、不足額の確保には、単に増税することもできないので、現在の歳出を削って生み出すしかありません。歳出削減は、すでに経常的経費が歳出のほとんどを占めている多くの自治体においては、至難のわざとなりますが、まずは不足している額をしっかりと把握することが第一歩です。

　他にも民間企業では当然の「たな卸し」という会計処理があります。官庁会計方式では、一括購入して複数年にわたって使用する消耗品や部品は、購入した年に支出処理をします。これに対して「たな卸し」は、使った年に経費として処理をします。これは、各年度に必要となるコストも正確に把握するためですが、こうした方式を当てはめてみると、官庁会計方式では隠れてしまうコストも見えてきます。

9 比較対象は 分析内容で選ぶ

どこのデータを選ぶかで結果は変わる

▶ 3つの選び方

　現状を把握するために他の自治体などと比較する場合、その比較対象の選び方は、大きく分けると「全数」「作為のある抽出」「無作為抽出」の3つ方法が挙げられます。

　「全数」は、例えば、自分の自治体を除く1,740市区町村のすべてを対象にする、あるいは全住民を対象にするなどです。

　「作為のある抽出」は、例えば、住民であれば年齢や性別、住所など、自治体であれば人口10万人以上20万人未満といった人口規模など、ある基準に該当する場合を比較対象にすることです。この場合、まず、一定の条件に合う対象を抽出し、さらにその中から「無作為抽出」を行うという方法もあります。全体と比較するのが「全数」または「無作為抽出」、一部と比較するのが「作為のある抽出」です。

▶複数の指標で選ぶ

　「作為のある抽出」を行う場合、ふさわしい比較対象を選ぶには、複数の指標を用いて判断しましょう。比較する自治体を選ぶ基準として用いる指標で最もポピュラーなのは人口（規模）ですが、人口を指標にしての比較だけで現状を表すことは、適切な結果を導くとは限りません。面積の広さなど他にも大きな影響を与えている要因があるからです。例えば、まず人口で絞り込んでから、さらに人口密度で絞り込むといったように、2段階で対象を抽出すれば、より客観性が高まった結果を得ることができるようになります。

図表35 住民一人当たりのハコモノ面積の比較

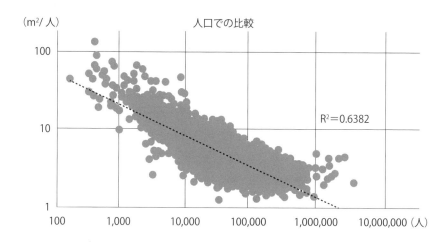

人口での比較

(m²/人)

R²＝0.6382

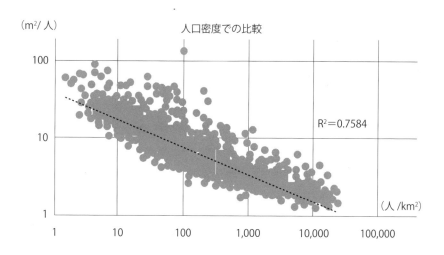

人口密度での比較

(m²/人)

R²＝0.7584

(人/km²)

図表35は、総務省が行った2018年度公共施設状況調の結果から、1741市区町村の住民一人当たりのハコモノ面積について、人口と人口密度の両面から比較したものです。

　学校や公民館などのハコモノの量や道路の延長などは、同じ面積当たりにより多くの住民が住んでいる人口密度の高い自治体では、住民一人当たりの面積は少なくなり、逆に低い自治体では多くなります。

　人口で比較した場合の R‐2 乗値よりも人口密度で比較した場合のR‐2 乗値のほうが高くなり、住民一人当たりのハコモノ面積は、人口よりも人口密度との関係が強いことがわかります。

▶自分でも Excel でできる無作為抽出

　「無作為抽出」は、何の意思もなく、対象の中からランダムに選び出す方法です。住民意識調査であれば、住民基本台帳のシステム担当に依頼をすれば、この方法でのデータ抽出に協力してもらえるはずです。

　なお、自分が持つデータベースであれば、Excel で簡単に「無作為抽出」をすることができます。

　まず、既存のデータベースの一番左側にランダムに番号を振るための列を挿入します。1 行目には「抽出用番号」などの見出しを入力しておきます。次に見出しの下のセルに「＝ RAND ()」と入力します。番号が振られますので、それを一番下の行までコピーすると、すべてのデータにランダムな番号が振られます。

　最後に、ホームのタブにある「並べ替えとフィルター」から昇順または降順を選び並び替え、抽出したい対象の数に応じて上の行から選択すれば「無作為抽出」の完了です。

　ちなみに、「住民コードの下一桁が 0 の住民を抽出」というような抽出方法を連続して用いると、同じ住民に何度も意識調査が届いてしまうようなことが起き、「無作為」の意味が薄れてしまうので、注意が必要です。

▶自治体のグループ分けも活用する

　複数の自治体の中から「作為のある抽出」を行う場合に参考にしたいのは、あらかじめ客観的な条件に応じて自治体がグループ分けされている「類似団体」という区分です。

　総務省が地方財政状況調査などで用いている「類似団体」の条件区分が最もポピュラーなものです。これは、政令指定都市、中核市、施行時特例市、特別区をそれぞれ一つのグループにするとともに、それ以外の一般市と町村について、産業構造（2次産業と3次産業への就業者の割合）と人口から、市は16グループ、町村は15グループに区分して「類似団体」としています。

　また、これ以外にも、上水道事業であれば、都道府県及び政令指定都市以外について、末端給水事業者（自治体の水道局のように各家庭に水道水を供給している事業者）を給水人口に応じて10グループに区分している「類似団体」もあります。

　また、公共下水道事業では、政令指定都市以外について、処理区域内人口、処理区域内人口密度及び供用開始後年数に応じて22グループに区分している「類似団体」もあります。

　さらに病院事業では、一般病院を病床数に応じて7グループに区分している「類似施設」という分類もあります。

　「類似団体」のそれぞれのグループ内の自治体は、財政構造などが似通っていることなどから、様々な指標の比較に用いると、より客観的な比較が可能となる場合があります。

コロナ禍の日常

　これまで、公共施設マネジメントの仕事を通じてたくさんの講演依頼を受け、全国各地に足を運ばせていただきました。

　しかし、令和2年度から様相が一変しました。その原因は、新型コロナウイルス感染症の拡大です。同年4月に緊急事態宣言が発出されたころは、依頼されていた講演は、延期または中止の連続でしたが、夏ごろからはリモートでの講演という依頼に変わりました。

　リモートでの講演という依頼に対して、はじめは丁重にお断りしていました。その理由は、講演というのは、聴く側は、話す側の持つ熱量を感じ、また話す側は、聴く側の反応を見て、さらに熱を持って話すものだからです。「画面を通じてでは、熱も伝わらないし、反応もわからないので、講演内容は、伝わらない」と考えていました。

　ところが、どうしても不義理をすることができない相手からの依頼があり、引き受けました。それ以来、日程が空いていればお断りすることなく数回リモートで講演させていただいているのですが、やはり伝わっているのか、いないのかがまったくわかりません。

　登壇していたときは、つかみで笑いを誘えたら、そこからはリズムよく運べたのですが、リモートでは、つかみはOKだったのか、それすらもわからず、途中で話すことを忘れたり、リズムが悪いなと感じたりしている今日この頃です。

　その一方では、リモート大歓迎のものもあります。それは、会議です。シャンシャンシャンするためだけの会議、なんで開催する必要があるのかよくわからない会議に、リモートとなったことで足を運ばなくなり時間が有効に使えるようになりました。良くもあり、悪くもあるリモートですが、今しばらくは付き合いが続きそうです。

CHAPTER 4

政策立案のための
データ活用

1 疑問を持つ

▶疑問を持つと説得力のある提案ができる

　データで現状を把握した次は、いよいよ政策の立案に活かすときです。その第一歩は、現状に疑問を持つことです。特に客観的なデータに基づかない前例踏襲の事業や住民の声に対しては、疑問が生まれやすくなります。

　例えば、住民からこんな声が届き、あなたが対応するとします。

> いつもＡ公民館を利用しています。予約申込みの抽選になかなか当たらず、十分なサークル活動ができません。もっと利用しやすくするために、公民館を増やしてください。

　現状把握のためのデータとして入手しやすい「年間利用者数」を調べると、Ａ公民館は３万人、一番利用者の多いＢ公民館は８万人でした。

　この結果から、この先の対応には、「ここで結論付ける」「現状に疑問を持つ」の２つの選択肢が生まれます。

結論付ける	疑問を持つ
利用者数からみると、抽選に当たりにくいとは考えられない。たまたま運が悪いだけなのだろう。	Ｂ公民館の利用者からこうした声が届くのであれば理解できるが、なぜ、Ａ公民館の利用者から届くのか？

ここで結論付けた場合、住民の不満は消えません。また、意見を否定するにしても、利用者数だけでなく説得力のあるデータが必要です。

▶疑問に答えるデータを探す

　そこで、疑問を解決するために必要なデータを探し出します。それは、施設予約システムに記録されている詳細な利用状況です。このデータを活用し、図表36にあるような2つのエビデンスを作ります。

図表36　A公民館の利用状況

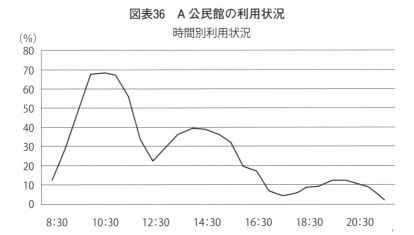

▶疑問を持つことができると結論も変わる

　この2つのエビデンスから導き出された結論は、次のとおりです。

結論付ける
利用したい時間が午前中に、利用したい部屋が大会議室に集中していることがＡ公民館の不足感を生んでいる。 他の利用者にも同様の不満を持つ方は多いはずだ。この不満を解消するとともに、より一層、Ａ公民館が効率的に利用されるような対応策を考えなければならない。

　そこで、考えられる対応策の候補は、次のとおりとなります。

対応策の候補を考える
対応策①　データを公表し、利用者を空いている時間と部屋に誘導する。 対応策②　利用状況が低調な部屋を会議室に改修する。 対応策③　混雑する時間の使用料を引き上げる。または、空いている時間の使用料を引き下げる。

　公民館を増やす政策では、多額の費用が必要となり非現実的です。また、88頁の結論付けのように「運が悪い」で片づけていたら住民の不満は消えず、行政に対する不信感が募ります。現状のデータを見て疑問を持ったからこそ、解決に至るための現実的な対応策を見つけ出すことができました。

▶さらに疑問を持ってみるとより政策の質が高まる

　もうワンランク上の仕事術として、さらに疑問を持って深掘りすることをお勧めします。自分のスキルを高めるとともに、政策の質も高まります。例えば、新たに生まれるのは、次のような疑問です。

新たな疑問

なぜ、利用者は、同じ時間（午前中）と同じ場所（大会議室兼体育室）に集中するのだろうか？

この疑問が解決したら、より利用者のニーズに応えられる対策ができるかもしれません。

施設予約システムの利用状況データからは、何のサークル活動での利用か、例えば女性がメンバーとなっている卓球やダンスなどのサークル活動での利用が多いことしかわからず、疑問は解決しません。

そこで、現場に足を運び自分の目で確認し、利用者と対話することにします。

現場で聞いた利用者の声

利用者の声①　午後になると家事も忙しく、子どもが学校から帰ってくるので、午前中しか活動できない。

利用者の声②　少人数のサークルなので、広い部屋は本来必要ないが、大会議室兼体育室の他に卓球やダンスができる部屋がない。

利用者の声①から、対応策①②は効果が薄いことがわかります。そして、利用者の声②をヒントに次の対応策を追加することにしました。

追加する対応策

対応策④　大会議室兼体育室を2分割して貸し出せるようにする。

目の前のデータだけですべてがわかるというものではありません。疑問を持ち、時には現場に足を運び、自分の目で見て、耳で聞き、データの分析結果を補うことが必要になります。そうして作り上げられたエビデンスは、より強固なものとなるはずです。

2 仮説を立てて ターゲットをしぼる

エビデンスは仮説からも生まれる

▶仮説を立てると実態が見える

　現状を見て、「もしかしたらこれが原因かもしれない」などと仮説を立てることは、疑問を持つことと同様にデータ活用の基本です。

　例えば、あなたは、公立幼稚園の園児数の推移をまとめ、考察とともに教育委員会へ報告することを求められているとします。

　そこで、過去5年間の園児数の推移を調べ、グラフにまとめます。結果は、図表37のとおりです。

図表37　公立幼稚園児数の推移

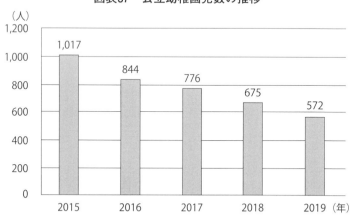

この結果から、この先の対応には「結論付ける」「仮説を立てる」の
2つの選択肢が生まれます。

結論付ける	仮説を立てる
少子化で子どもの数が毎年減っているし、園児の数が毎年減ることは仕方がないことだと報告して終える。	もしかすると、子どもの数の減少以上に園児数が減少している、すなわち公立幼稚園離れが進んでいるのかもしれない。

ここで結論付けると、毎年の園児数の減少を仕方がないものと諦め、ただ指をくわえて見ているだけとなり、何の対策も生まれません。

▶仮説を証明するデータを探す

そこで、この仮説について、公立幼稚園離れが進んでいるのであれば、4・5歳児の数に占める公立幼稚園児数の割合というデータで立証できるはずと考え、図表38のようなエビデンスを作ります。

図表38　公立幼稚園児の数と4・5歳児に占める割合の推移

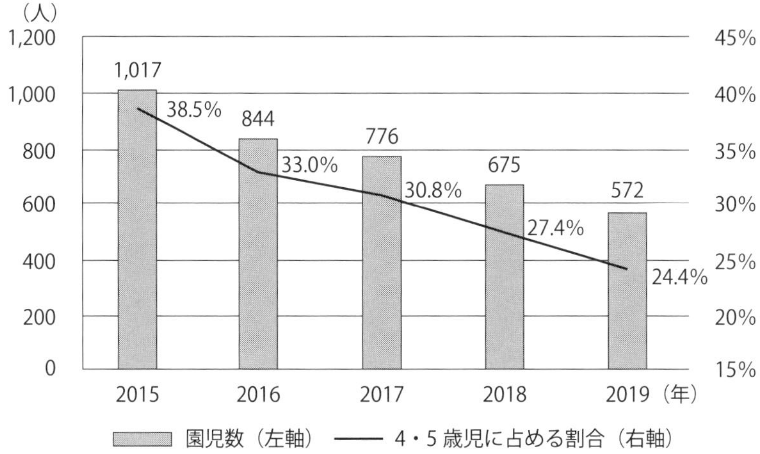

園児数（左軸）　　4・5歳児に占める割合（右軸）

▶考察が変わった

図表38のエビデンスから導き出される考察は次のとおりです。

考察を出す
2015年には、4・5歳児の40%近くが公立幼稚園に通っていたが、2015年には、およそ25%しか通っていない。 公立幼稚園の園児数が減っているのは、子どもの数が減少していることに加え、公立幼稚園離れが進んでいるからである。

就学前の子どもが通うのは、公立または民間の幼稚園、こども園、保育所のいずれかです。後者になるほど、長時間子どもを預けることが可能です。そこで、考えられる政策として、以下の候補を挙げることにします。

対応策を考える
対応策① 公立幼稚園を民間幼稚園にする。
対応策② 公立幼稚園を公立こども園にする。
対応策③ 公立幼稚園を民間こども園にする。
対応策④ 公立幼稚園を統廃合し、数を減らす。

▶さらにエビデンスを追加して対応策をしぼる

どの対応策を優先して検討すべきか、こども園や保育所の園児数の推移を追加して分析するとわかります。

こども園と保育所に通う子どもの数は、増え続けています（図表39）。中でも、新たなこども園が開園した2016年と2018年には大きく増えています。また、2018年から2019年の公立幼稚園児数の減少が103人であるのに対し（図表37）、これらの施設は128名増えていることから、子どもを預ける施設に幼稚園を選ぶ人が減っていると推測できます。

したがって、まず優先的に検討する対応策は、②または③であることがわかります。①は子どもを長時間預けたいというニーズの変化に合わ

ず、④は、施設をむやみに減らすだけになってしまいます。

図表39　こども園・保育所の園児数の推移

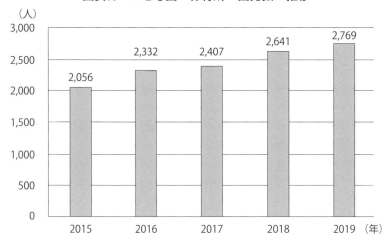

公立園児数の推移のデータを、子どもが減っているからと結論付けて終わらせていたら、市民のニーズの変化はわかりません。また、このまま公立幼稚園を維持していては、市民のニーズの変化に対応できていないどころか、大きなコストを無駄に使い続けてしまう可能性があります。

仮説を立て、本質に目を向けたからこそ、少子化が進む中でも前向きな施策展開を提案できるようになります。

▶日々の仕事に仮説を応用する

内容に疑問を持って確認をする、仮説を立ててそれを証明するということは、データ活用に限ることではありません。

日々の仕事の中で、前任者の起案のフォーマットを使い、数字だけを入れ替えて使っているものが数多くあると思います。しかし、そのやり方がベストとは限りません。

内容に疑問を持ち、あるいは、より良い方法を改めて確認したり、フォーマットを変えてみたりすることは、自らの知識を深め、発想の幅を広げていくことにつながります。

エビデンスとなるか検証する

曖昧な証拠は使わない

▶没ネタにする勇気を持つ

　時間をかけてデータを集め、分析を行っても、その結果がすべてエビデンスとして使えるとは限りません。曖昧な根拠にしかならないエビデンスは、没ネタにする勇気が大事です。

　筆者も何度も経験してきたことですが、時間をかけてきたからこそ、エビデンスにしたいという気持ちが強くあるはずです。

　しかし、曖昧な根拠のままでは、どんなに素晴らしい政策であっても、それを実現することはできません。仮に押し通すことができたとしても、後からエビデンスの不備を指摘されれば、その政策には悪印象が付きまといます。再度提案することすらできなくなるかもしれません。

▶特に R-2乗値は必ず確認

　これまでに解説した、「使うデータの種類」「平均と中央値の関係」など、適切なエビデンスを得るための確認は、忘れないようにしましょう。特に、相関分析や回帰分析を行った際は、R-2乗値を必ず確認してください。

　0.3未満のものはエビデンスとして使わないようにしましょう。また、0.3以上0.6未満であれば、「関係性がある可能性が高い」といったような一歩引いた言い回しで、参考情報として使うか、自分の頭の中だけで、使いましょう。たとえ表に出していなくても、可能性が高いことを頭に入れておくだけで、説明に対する自信となります。

▶没ネタの例

例えば、図表40のような水道の検針データについて、給水区域内の経済活動が2020年のコロナ禍の影響を受けていることを証明するエビデンスとして、使用できるか否かを考えてみます。

このグラフでは、コロナ禍の前年より検針水量が増えている月もあり、特に10月と11月の大きな増加の説明がつきません。このままでは「区域内の経済活動は、コロナ禍の影響を受けている」というエビデンスにはならず、没ネタといえます。

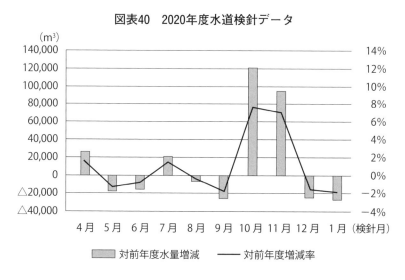

図表40　2020年度水道検針データ

▶大勢で考える

データ分析の結果がエビデンスとなるかどうかの検証や、どう作り変えればエビデンスとなりえるかの検討は、できるだけ多くの職員で一緒になって考えるのが成功のコツです。自分では気付かなかったことも、他に気付く人がいるはずです。特に業務に精通したベテラン職員は、知識も経験も豊富です。大きな味方になってくれるに違いありません。

少しの工夫で
使えるエビデンスになる

没ネタも分析のやり方次第でよみがえる

▶没ネタをよみがえらせる

　曖昧なエビデンスは、没ネタにする勇気が必要です。しかし、没ネタにしようとしたデータの分析結果であっても、データを区分して比較し直すなど、データの集計方法を変えるだけで、使えるエビデンスとしてよみがえることがあります。

　例えば、前項の図表40では、水道の検針データが「区域内の経済活動がコロナ禍の影響を受けた」というエビデンスにはなりませんでした。

　そこで、この検針データをほとんどが家庭用に使われる口径20㎜以下の水道メーターの検針結果と、ほとんどが業務用に用いられている口径25㎜以上の水道メーターの検針結果に分けて集計してみます（図表41、42）。

　口径25㎜以上に目を移すと、10月、11月検針分でも微増にとどまり、それ以外の月では大きく減少しています。これであれば、「コロナ禍による経済活動の停滞」を証明することができます。

▶詳細を見ることで他のエビデンスも得られる

　また、この2つの図表に分解してみると、前項の図表40で増加している月があることや、減少していても減少率が低い理由がわかります。それは、外出自粛や巣ごもり需要により、家庭での水道使用量が増えていることが原因であることです。

　特に10月検針は、主に8、9月の使用水量、11月検針は、主に9、10月の使用水量です。図表39の10月、11月の大きな増加は、それでなくて

も増えていた家庭での使用量が、猛暑の影響でさらに増えたことによる
ものであることがわかります。

　このように、一見没ネタに思えるものでも、データの内容や特徴に合
わせて変化をつけることで、エビデンスを得ることができます。

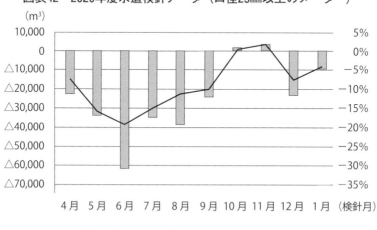

図表41　2020年度水道検針データ（口径20mm以下のメーター）

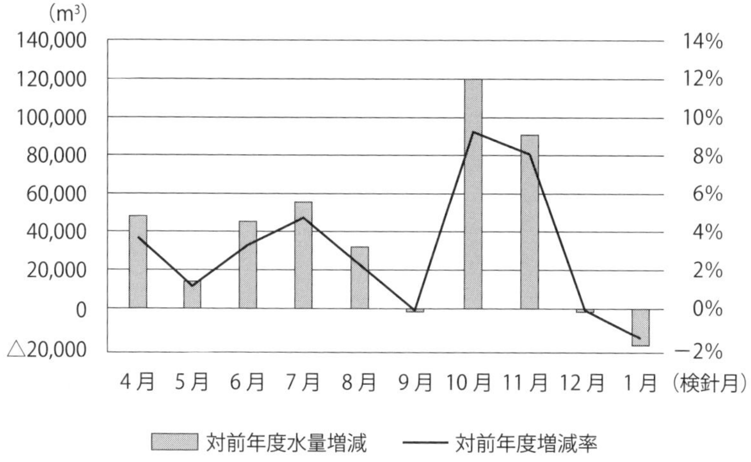

図表42　2020年度水道検針データ（口径25mm以上のメーター）

できる理由もできない理由も生むデータ活用

エビデンスは「できない理由」にもなる

▶エビデンスのある「できない」は「してはならない」

データを分析し、エビデンスを作ることは、多くの場合は「この施策を行うことができる」など「できる理由」とするためです。しかし、立場によっては、「できない理由」とするためのエビデンスを作らなければならないこともあります。また、「できる理由」を探したのに、「できない理由」が見つかることもあります。

実務の場においては、「面倒だから」「前例がないから」と説明するときに、言い訳として使われる「できない理由」もあります。

しかし、データ分析に基づくエビデンスに裏付けられた「できない理由」は、言い訳ではありません。効果が見込めないというエビデンスがあるのであれば、それは、「してはならない理由」でもあります。

▶データ分析で「できる」「できない」を確認する

施策を考える自治体職員は、エビデンスを用いて、それが「できる」のか「できない」のか、確認する必要があります。

例として、「A市の図書館の蔵書を充実させる」という施策ができるか否か、エビデンスで確認してみます。図書館に勤務する職員であれば、誰もが蔵書の充実を願うはずです。また、多くの自治体では、図書館は人気上位の公共施設のはずです。

まず、現在の蔵書が十分か確認します。十分か否かを判断するための判断基準として「蔵書数」と「人口」の相関分析の結果を用います。これは、「同じ都道府県下における市町村の人口」と「市町村立図書館の

蔵書数」について相関分析を行い、出た結果を用いています。R-2乗値は、0.9291となり、人口と蔵書数には、高い相関関係があることがわかります（図表43）。

　この図表でみると、A市は、近似曲線より若干上に位置しています。図書館の蔵書は、人口に見合った数であり、A市の図書館は決して見劣りのする状態ではないことがわかります。

図表43　人口と蔵書数の関係

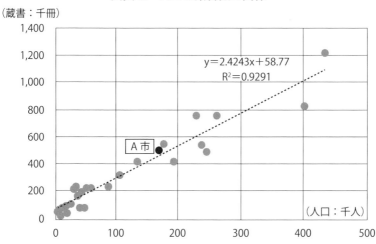

次に、今の蔵書が十分活用されているのか、つまり、「A市の図書館の蔵書数を増やすことに意味があるのか」を調べます。そのための判断基準として、「年間貸出冊数」と「蔵書数」の相関分析の結果を用います（図表44）。R-2乗値は、0.8931となり、貸出冊数と蔵書には、高い相関関係があることがわかります。

　しかし、図表44で、A市は、近似曲線から離れた左側に位置しています。A市の年間貸出冊数は、県下の標準貸出冊数といえる近似曲線が示す値の半分くらいしかありません。現状で、蔵書数に見合った貸出冊数がなく、貸出サービスが低調であることがわかります。

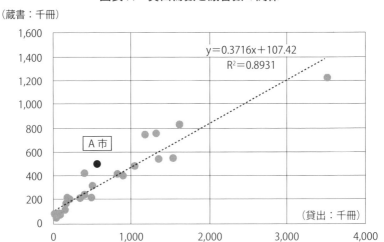

図表44 貸出冊数と蔵書数の関係

▶できない理由を施策につなげる

図表43と44のエビデンスから、「Ａ市の図書館の蔵書数を増やす施策はできない」ということが確認できます。もしあなたがＡ市の図書館の職員であったとしたら、極端にいえば、蔵書を増やすための予算要求をしてはいけません。いくら増やしても、このままでは宝の持ち腐れです。

できない理由が見つかったら、それを次の施策案を考えることにつなげましょう。今回のケースにおいて、まずしなければいけないことは、「なぜ貸出サービスが低調なのか」、その理由を明らかにすることです。そして、考えるべき施策は、「どうしたら貸出冊数を増やせるのか」です。

そこで、人口と貸出利用登録者の数の関係を調べてみます（図表45）。

R-2乗値は、0.7804となり、こちらも高めの相関関係があることがわかります。その中で、Ａ市は、近似曲線よりも大きく下に位置し、人口規模に見合った貸出利用登録者がいないことがわかります。

したがって、あなたが考えなければいけない施策は、「貸出利用登録者の増加≒貸出冊数の増加」をめざすということになります。

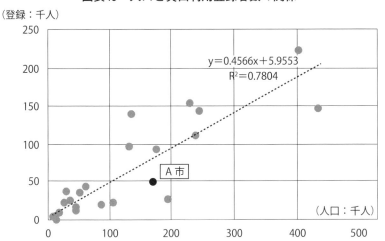

図表45　人口と貸出利用登録者数の関係

（登録：千人）

$y=0.4566x+5.9553$
$R^2=0.7804$

A市

（人口：千人）

▶隠してはいけない

　ここまでの一連のデータ分析の作業が、あなたの発案ではなく、蔵書を増やしたいと願う図書館長の命であった、あるいは、図書館の蔵書充実が首長の選挙公約であったとします。

　あなたは、図書館の蔵書が少ないことを証明するために分析を行ったにもかかわらず、逆の結果となってしまいました。そのとき、あなたはこのデータ分析の結果をどうしますか。

　結論からいうと、隠してはいけません。A市の図書館に蔵書を増やしても、今のままでは、使った予算に見合うだけの十分な効果が得られないことが明らかだからです。勇気をもって結果をレポートにまとめ、最低でも、上司に報告してください。賢明な上司であるならば、貸出サービスの利用者の増加策の検討に向けて舵を切るはずです。

　報告していても、方針変更がされず、蔵書だけが増え続けていったとしても、それは、組織の責任であり、あるいは政治判断であるわけです。あなたは担当者としての職責を全うしたわけですから、何の落ち度もないのです。

6

「％」の錯覚に
気をつける

「％」を決めるのは分母と分子の関係性

▶分母と分子に要注意

　政策立案では、エビデンスを作成するとき、「％」という比率を示す単位をよく使います。計算式は「分子（該当数）/分母（全体数）×100」です。この「分母」と「分子」の中身によく注意したうえでエビデンスとして使う必要があります。なぜなら、「％」を決める要因には「分子」と「分母」の2つがあり、単純な比較ができない場合があるからです。

　例えば、「老年人口比率：（老年人口／総人口）×100」のグラフ（図表46）をエビデンスとして用いた場合、次のような説明を行ったとします。

> 今後も老年人口比率は高まり続けることから、高齢者の医療費、介護費用は増え続けることが予想されます。

　この説明は誤りです。確かに「％」は高まっているので、この説明は、一見正しいように思えます。しかし、このグラフで「％」を高める要素は、「老年人口」と「総人口」の2つがあり、老年人口比率が高まる要素は、老年人口が増加することだけでなく、総人口が減少することもあります。

　そこで、この点の確認のために図表46に老年人口の人数を加えてみると、老年人口の「数」は、2040年をピークに下がり続けます（図表47）。「％」が高まり続けているのは、総人口の減少が老年人口の減少を上回るスピードで起こっているからです。また、高齢者の医療費や介護

費用の総額は、人数と単価で決まります。したがって、次の説明が正解となります。

今後も老年人口比率は高まり続けます。また、高齢者の医療費、介護費用は、老年人口がピークを迎える2040年まで増え続け、その後は減少に転じることが予想されます。

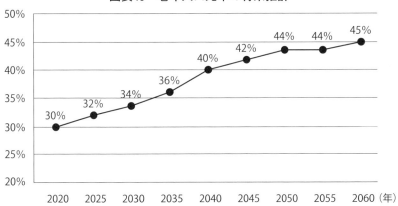

図表46　老年人口比率の将来推計

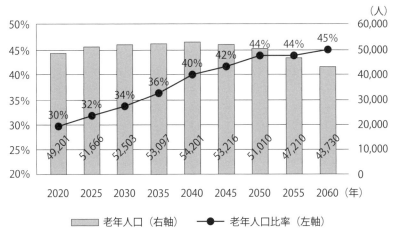

図表47　老年人口の将来推計

老年人口（右軸）　　　老年人口比率（左軸）

▶新たな「%」を加えてみる

しかし、それでも将来を楽観視することはできません。そこで図表47にもう一つの任意の「%」を加えてみることにします。その「%」は、「負担比率＝老年人口 / 生産年齢人口×100」です。結果は図表48のとおりとなります。

新たな「%」で表される生産年齢人口一人当たりの老年人口に対する負担は上昇を続け、2060年には92%に達し、１対１に近くなり、いわゆる「肩車社会」となることがわかります。したがって、高齢者の医療費や介護費用に対する生産年齢人口の負担に関しては、抜本的な見直しが急務であることがわかります。

図表48　老年人口及び生産年齢人口１人当たりの負担比率に関する推計

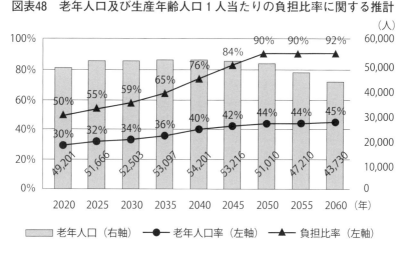

このように政策立案にあたっては、単に「率」の値や高低だけに着目するのではなく、その「分母」と「分子」にも着目し、変化の本質に気付くことが大切です。

▶「確率」を計算する

「%」の他にも注目したい「率」があります。それは、「確率」です。確率は「どのくらいの割合であることが起こるのか」を示すものです。

「いつもこうだ」という主張や反証のエビデンスとして活用できます。

　例えば、あなたは、ある公共施設の1室である第2会議室について、夜間だけ住民のサークル活動への貸出しを中止し、別の用途で使用する政策を提案しようとしています。この時、その施策によって公共施設を利用できなくなる住民からの苦情を心配した担当部署から、反対する主張が出たとします。

　この主張に対する反証のエビデンスとなるのは、「確率」です。この公共施設の利用状況から、夜間に部屋が使えなくなってしまう確率を出します（図表49）。すると、苦情の可能性は低くなることがわかります。

図表49　各部屋の夜間利用状況

室　名	夜間利用率	室　名	夜間利用率
教養娯楽室	49%	多目的室	63%
厚生室	7％	第1会議室	22%
創作活動室	4％	第2会議室	12%
調理室	4％	第3会議室	39%

　3つすべての会議室が夜間に同時に使用される理論上の「確率」は、22％×12％×39％≒1％です。年間の開館日数が350日であれば、3、4日程度です。仮に重なったとしても、活動内容によっては、利用率の低い厚生室や創作活動室での代替利用も可能であり、苦情がでる可能性は限りなく低いです。

　私たち自治体職員は、「住民の苦情」に敏感です。時として、あるか否かもわからない苦情に対しても、「何かあったら」と警戒してしまいます。しかし、冷静に「確率」を計算してみれば、そうした心配も杞憂だとわかることもあります。

7 複数のエビデンスで裏付ける

重ねればより強固なエビデンスになる

▶「ヒト」「モノ」「カネ」で整理する

　ここまでに紹介した例でのエビデンスの多くもそうであったように、エビデンスは、できるだけ2つ以上作成し、裏付け、根拠としてより強力なものとなるようにしてください。特に政策立案の場合、データを集めるときに政策にかかわる要素を「ヒト」「モノ」「カネ」に区分すると、複数のエビデンスとして整理しやすくなります。

▶「モノ」と「カネ」の負担は妥当かを分析する

　例として、「A市の小・中学校の学校運営状況が適当か否か」を示すエビデンスを「モノ」と「カネ」から検証します。

　まず「モノ」ですが、「児童生徒の数に見合った学校数か」を調べます。同じ都道府県下の市における児童生徒数と小・中学校数の関係を相関分析すると、近似曲線のR-2乗値は、小学校0.837と中学校0.9293であり、両者には高い相関関係があることがわかります（図表50）。A市を見ると、近似曲線上、あるいは下であり、A市の学校数は児童生徒数からみるとちょうど見合っているか、やや少なめであることがわかります。

　次に「カネ」ですが、「全体の歳出額に見合った教育費か」を調べます。歳出決算額と小・中学校費の関係です。近似曲線のR-2乗値は、小・中学校ともに0.9を超え、両者には高い相関関係があることがわかります（図表51）。A市を見ると、小・中学校費はほぼ近似曲線上に位置し、歳出規模に見合った支出であることがわかります。

この2つの分析結果は、A市の小・中学校に対する「モノ」と「カネ」の負担は妥当であるエビデンスを示すことになります。

図表50　学校数と児童生徒数の関係

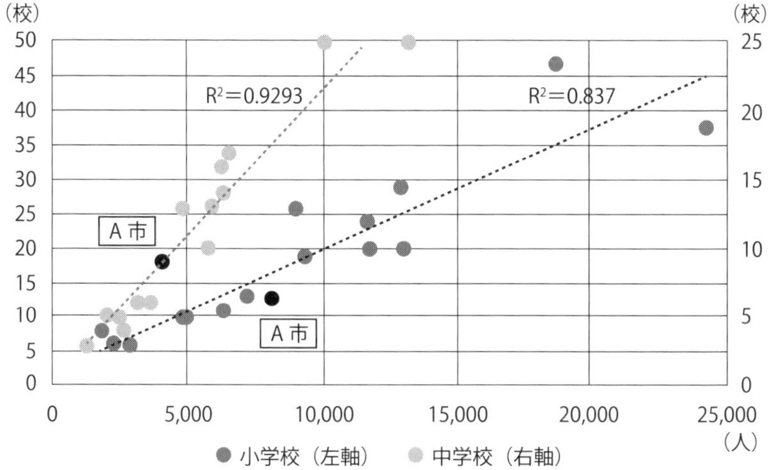

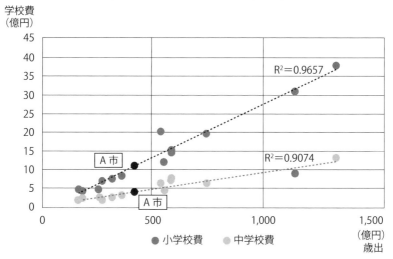

● 小学校（左軸）　● 中学校（右軸）

図表51　歳出と小・中学校費の関係

● 小学校費　● 中学校費

8 「学」や「民」との連携で 組織の分析力を高める

分析に不足するものを諦めない

▶データ分析に不足するもの

　分析に慣れ、少し高度なことができるようになり、それが日常的になると、いくつもの「不足」が目の前に立ちはだかるようになります。例えば、分析のための「知識不足」「パソコンの処理能力不足」「予算不足」などです。

　「知識不足」は、ある程度までは努力で補うことができますが、高度になればなるほど個人では解決できなくなります。

　また、「パソコンの処理能力不足」は、データが大きくなったり複雑な分析を行ったりすると生じる問題です。筆者もかつて56万件の水道料金の徴収データから料金改定のシミュレーションを行おうとしたら、途中でパソコンがフリーズしてしまいました。だからといって、たまにしか必要としない高いスペックを持つパソコンを購入したり、リースしたりするのは、もったいないということになります（予算不足とも関連します）。

　「予算不足」も個人の努力でどうにかできるものではありません。かといって、財政状況も年々厳しさを増す中では、定例的なものは別として、臨時的に高度な分析を委託することは、なかなか理解を得られないのが現状ではないでしょうか。

▶不足を解決する「学」や「民」との連携

　こうした問題を一挙に解決する方法の一つとして、大学や民間の研究機関との連携が挙げられます。政策のエビデンスを作るような分析は、

それが高度になればなるほど学術研究にも成りえます。相手にもメリットが生じるわけです。まして調査研究が進んでいない分野であれば、低予算で、あるいは、データの提供方法によっては、無償で引き受けていただくことも可能です。

　筆者も以前、ある大学の研究室に5年分の水道の検針データを提供しました。もちろん、個人が特定されるような情報は含まれていません。そして、データ提供に対して、無償で水道料金の引き上げ前後における使用水量の変化を専門的に分析していただきました。

　公共料金に関するこうした研究は、外国では進んでいるようですが、日本ではデータが外部に提供される機会が少ないためか、あまり研究が進んでいないようです。だからこそ、分析結果をまとめれば、貴重な研究論文となるようです。

　近年、大学との連携を行う自治体も多くなりました。高い委託料を払ってコンサルティング会社に委託することを考える前に、大学や研究機関との連携を検討してみてはいかがでしょうか。

▶自治体のデータは「公共の財産」

　私たち自治体職員は、日常的に様々なデータを扱っていますが、活用しきれていないことがほとんどです。水道の検針データであれば、それは水道料金の徴収業務にしか使用しません。しかし、前述のとおり、それを別の目的で使用することにより、新たな価値が生まれ、結果として政策にフィードバックすることも可能になります。

　自治体のシステムの中には、介護に関するデータ、医療費に関するデータ、学力に関するデータなど、たくさんのデータがあります。職員にとっては、日常業務の事務処理にしか用いていないデータであっても、専門家にとっては、お宝ともいえるデータがたくさん存在しています。

　自治体が持つデータは、より良い社会を作るための「公共の財産」という意識を持ち、庁内外で積極的に利用できるように扱うことが必要です。

COLUMN **4**

若い職員たちとの仕事

　私がはじめて部下を持ったのは、今から 9 年前です。部下は30代半ば過ぎの職員 1 名でした。それ以来、公共施設マネジメントの仕事に携わっている間は、少人数の組織だったこともあり、多くても部下は 2 人、しかも私と一回りしか離れていない年齢までの職員でした。

　しかし、一昨年上下水道局に異動したら、一気に部下が14人、しかもそのうち 5 人が20代となりました。この子たちを一人前の職員にしていかなければならないという責任を感じました。

　それは、上司としての思いであり、また親としての思いでもあります。私の子どもも社会人であり、20代です。成人しているとはいえ、社会人としてはまだまだ未熟です。自分の子どもの上司にも、こうして接してほしいなという接し方を若い部下に対して私もするように心がけています。

　このように気を遣う一方で、自分の子どもと同じ世代と仕事をすることを、非常に楽しく感じてもいます。30数年前、無口で仕事のことは話さなかった父親が私に、「今、お前と同じくらい年齢の奴と一緒に仕事してるんだよ。」と言ったことを思い出します。きっと今の私と同じような気持ちだったんだろうなと思います。

　そして、30年前、私の発言に上司が笑いながら「生意気なことを言うんじゃねえ。俺はお前が生まれる前から役所にいるんだぞ。」と言ったことも思い出しました。

　幸い、私の部下には生意気なことを言う職員はいませんが、もし私が言われたら同じような言葉をかけるかもしれません。今、部下を持つようになり、当時の上司の気持ちがわかります。昔は生意気なことを言ってごめんなさい。

CHAPTER **5**

検証・改善のための
データ活用

1 データとエビデンスで回す PDCA

PDCA サイクルをうまく回すコツ

▶ PDCA が回らない原因

　従来型行政運営は、P（Plan：計画）とD（Do：実行）の繰り返しです。ただひたすら計画し、実行すれば目的達成です。これに対して、近年では、自治体の政策実施にあたっては、P（Plan：計画）→D（Do：実行）→C（Check：検証）→A（Action：改善）→Pを繰り返すPDCAサイクルを意識した取組みが増えてきました。

　しかし、PDCAがうまく回らない、PDCAの各場面で何をどうしたらいいかわからないと悩んでいる自治体職員も決して少なくないでしょう。その原因の一つは「計画の目的や目標が根拠もなく抽象的で曖昧なこと」です。

▶抽象的で曖昧なキーワードで時代が逆戻り

　例えば、昨今、人口減少が進む自治体の多くが使うトレンドとなっているキーワードがあります。それは、「にぎわい」と「活性化」です。「中心市街地ににぎわいを生む」「駅前を活性化させる」というような政策目的を掲げ、実行に移されるケースが多くあります。

　しかし、何をもって「にぎわいを生んだ」とするのか、あるいは「活性化した」というのかについて、あらかじめ数値目標等で明確にしておかなければ、C（Check：検証）もA（Action：改善）もできません。これでは、P（Plan：計画）とD（Do：実行）を繰り返していた時代に逆戻りです。

▶データ活用でPDCAを回す

そこで、強くお勧めしたいのは、「データに基づくPDCAサイクル」です。PDCAの各段階にデータ活用を取り入れます。このPDCAサイクルにおけるデータやエビデンスの役割を整理すると図表52になります。

まず、データによる現状分析を行います。その結果から、課題を示すエビデンスを作成し、政策を掲げます。そして、そこには必ず数値目標を掲げます。政策の実行後は、評価、検証のための定期的なデータ収集を行います。そして、一定期間経過後は、収集していたデータを分析し、目標に対する評価を行い、目標が達成されていなければ、改善のためのエビデンスを作成し、改善を実行に移します。

なお、本書のCHAPTER3「現状を把握するためのデータ活用」は、図表52のPとCの段階において、CHAPTER4「政策立案のためのデータ活用」は、PとAの段階において応用できる内容です。本CHAPTERでは、さらにD、C、Aの各段階において応用できる内容について解説していきます。

図表52　PDCAサイクルにおけるデータやエビデンスの役割

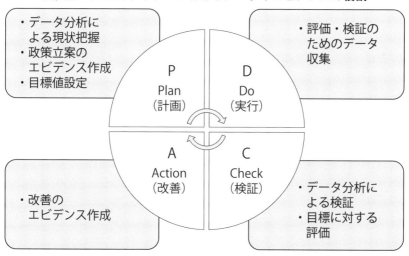

2 検証のための目標設定

数値目標で成果をチェック

▶良くも悪くも必ず検証

　C（検証）、A（改善）が欠けている従来型行政運営から脱却するためには、まず、しっかりとC（検証）を行う習慣を身につけることです。

　しかし、結果が良さそうな場合ならともかく、明らかに悪そうな場合は、検証に対して腰が重くなるのは当然です。だからといってパスしていたら、あなたは、「令和の時代の公務員」にはなれません。

　使い古された言葉ではありますが、「失敗は成功の母」です。しっかりと検証を行い、結果が悪ければその原因を考え、A（改善）につなげてください。そうした習慣は、未来のあなたを育ててくれるはずです。

▶明確な数値目標を

　しっかりと検証を行うために必要なことは、明確な数値目標をP（計画）の段階で設定しておくことです。

　例えば、「A市の中心市街地に、にぎわいを生む」ことを目的として、「空き家、空き店舗の解消を図る」ため、「家賃補助や店舗改装費用の利子補給という政策を実施する」とします。

　この場合、目標となる空き家・店舗の軒数を明確に定めることによって、検証がしやすくなります（図表54）。また、明確でわかりやすい数値目標は、「目標達成まであと2軒」と目に見えた成果を感じることができ、仕事にも前向きに取り組めるようになる効果も生み出します。

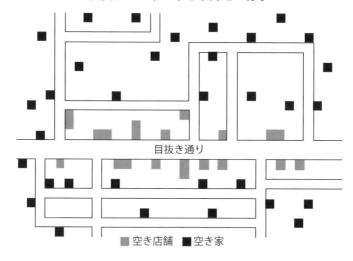

図表53　A市の中心市街地の様子

目抜き通り

■ 空き店舗　■ 空き家

図表54　目標設定の例

	現　　　在	2022年度末	2025年度末
空き家・店舗の数	48軒	30軒	20軒

▶立案のエビデンスに用いたデータは記録する

　さらに、複数の種類の違うデータで検証すれば、改善のヒントがより考えやすくなります。

　例えば、今回のケースで中心市街地ににぎわいがなくなった原因の一つが「空き家・店舗の増加」にあると考えたあなたは、その軒数の推移を政策立案のエビデンスとして示しました。しかし、もう一つ、目抜き通りの日中の歩行者数の推移も示していたとします。

　この場合、評価・検証のためのデータ収集は、目標値に掲げた空き家・店舗の数だけではなく、歩行者数も記録しておく必要があります。例えば、空き店舗が減ったにもかかわらず、歩行者数が増えない場合、にぎわいを生むための改善策には、商店街に訪れる人が増える企画を支援するなど、別のアプローチが必要となることわかるからです。

3 検証用データで気を つけるべき2つのこと

データの持つ性質を再確認して検証の質を高める

▶検証のためのアンケートは意見の偏りに注意

　前項では、検証用データについては、立案の際のエビデンスに用いた ものは必ず収集しておく必要があることに触れましたが、それ以外にも 注意していただきたいことがあります。

　1つ目は、当事者へのアンケートなどを行う際の偏りについてです。

　公共施設の利用者の数などは、検証のためのデータとして有効であ り、改善のためのエビデンスともなります。また検証のために収集する と有効なデータは、こうした定量的なものだけとは限らず、定性的なも のもあります（3－6参照）。

　例えば、公共施設の利用者の声です。利用者アンケートなどを実施し て、施設への意見など定性的なデータを収集しておくと、検証のための データとして、また、改善のためのエビデンスとしてもおおいに役に立 ちます。

　しかし、気をつけたいことは、公共施設を繰り返し利用している方の 声は、好意的なものに偏りやすいということです。この点を意識してい ないと、検証の結果は、「おおむね好評でした」ということになってし まい、改善点にも気付かなくなってしまいます。

　公共施設の管理運営方法について改善したいのであれば、一番必要な 声は、公共施設をはじめて利用する方、あるいは、利用していない方の 声です。したがって、はじめての利用者に限定してアンケートを行う、 あるいは、行政運営全般に対して日常的に意見を届けているモニター制 度があれば、モニターに依頼して公共施設を利用してもらい、その後気

118

付いた点を報告してもらうことが必要になります。

　声の偏りをなくす方法は、利用者に一律にアンケート調査を行う場合より、手間も時間もかかると思いますが、こうした声を検証のためのデータとして活かせるようになれば、より良い改善ができることでしょう。

▶公民連携事業のデータは企業秘密

　２つ目は、１-８でも触れた「公民連携事業」で気をつけておきたい、データの取扱い方です。

　「公民連携事業」では、事前に事業実施後に提供を求めるデータの内容や、その利用方法などについては、十分に話し合い、その履行については、「契約」を交わしておく必要があります。また、その際には、企業の利益を害することにならないように、十分な配慮が必要です。

　例えば、民間企業が自治体に代わり指定管理者となって公共施設を運営するなど、事業の実施に民間企業が深くかかわります。すると、例えば、公共施設の利用に関する予約システムなどは、自治体が使用していたものではなく、民間企業が独自のシステムを使うことになる場合があります。

　この場合、今までは職員自らがシステムから入手することができた利用状況のデータが、民間企業から提供を受けなければ入手できなくなります。なぜなら、自治体側としては、当然のように提供されると思っていたデータであっても、民間企業のノウハウが存分に発揮された運営の結果として集まった利用状況のデータは、「企業秘密」だからです。

　独自の運営内容がもたらした結果である利用状況の変化など、データを簡単に他社に知られることは、その企業が他の自治体においても、公共施設の指定管理者となりたいと考えている場合、データの内容によっては、それが知られることにより、不利益をもたらす場合があります。

　自治体と民間企業が対等な立場でパートナーとして実施する公民連携事業の基本は、「契約」です。自治体側が要求すれば、なんでも提供するのが当然という考え方をする人もいますが、それこそ「お上の意識」です。

4 改善のための エビデンスを探す

改善が必要となる2つの原因

▶データ収集・分析から改善までを振り返る

　データの収集・分析から改善に至るまでのプロセスは、図表55のとおりとなります。事業の改善策を考えるときは、このプロセスの段階を振り返り、どこで問題が発生したのかを把握しましょう。単発の事業の場合でも、結果の検証を行い、情報として組織内で共有しておけば、今後の計画に参考とすることができます。

　また、検証の結果、問題点はなく、中間目標も達成できているのであれば、そのまま継続です。しかし、当初の見込みどおりの成果が上がっていない場合や中間目標を達成していない場合、その施策を継続していくのであれば、改善が必要となります。

▶改善が必要となる原因は2つ

　「成果が上がらない」「中間目標が達成できない」など改善が必要なとき、まずは原因を考えなければいけません。原因は、主に2つです。

　1つ目の原因は、①計画実行中における「計画内容の不備」によるもの、または計画実行中における「不可抗力」です(「不可抗力」は、例えば、コロナ禍や自然災害の場合など、自治体の努力では発生を防ぐことはできないものです)。改善が必要になる原因はここで発生する可能性が高いです。

　ここに問題がないのであれば、2つ目の原因として、データ収集から分析に至る過程における②「錯誤」や「見当違い」です。これを疑う必要があります。

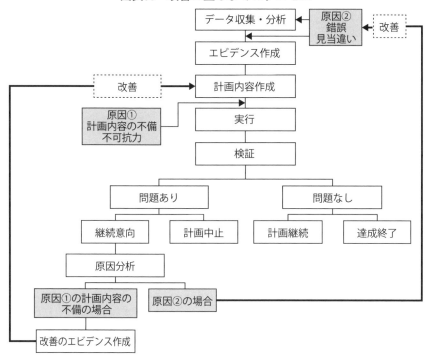

図表55　改善に至るまでのプロセス

　そこでもし、「錯誤」や「見当違い」があったのであれば、再度の分析により、正しい結果を計画内容の改善に反映させます。

　防ぐことのできない「不可抗力」、明らかな誤りである「錯誤」や「見当違い」と異なり改善が難題となるのは、「計画内容の不備」が原因のときです。改善のためのエビデンスが必要になります。

▶定量的なデータで改善のエビデンスを探す

　「計画内容の不備」を改善するためのエビデンスには、定量的なデータと定性的なデータに基づくものがあります。

まず、定量的なデータに関しては、計画時に用いたエビデンスとは異なる切り口で分析する必要があります。例えば、別のデータを加えた新たな検証を行うことによって、計画時には見えていなかったものが見えるようになり、改善のためのエビデンスとなります。

　水道事業計画を例に考えてみましょう。2015年当初の計画では、5年後の2020年の使用水量の中間目標値を予測するために、「給水人口」と「使用水量」のデータを用いました。それから「給水人口の減少とともに使用水量は減少を続けている」というエビデンスを用意し（図表56）、将来の人口推計から目標値を予測したとします。ところが、2020年における使用水量は、給水人口がほぼ推計どおりであったにもかかわらず中間目標値を大きく下回りました。

　この背景から、計画内容に不備があったと考えることができます。これを改善するために、別のデータを加えます。水量に影響を与える要因として別に思い当たるのは、業務用の水道使用量です。

　そこで、業務用の水道使用量の変化も加え、2011年の数値を100として比較します（図表57）。（数値の大きく異なるデータの推移をグラフで比較するとき、2つのデータであれば、縦棒と折れ線の組合せグラフを用い、3つ以上の場合は、データを指数化するとわかりやすくなります。）

図表56　計画時のエビデンス

その結果、業務用の水道使用量が人口減少を上回るペースで減少していることから、計画改善後の新たな目標値は、業務用の水道使用量については、人口減少よりも大きく見込む必要があることがわかりました。

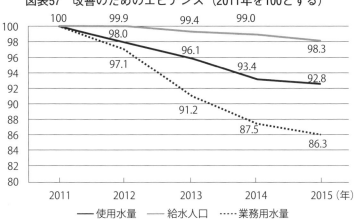

図表57　改善のためのエビデンス（2011年を100とする）

▶現場の声は大切な定性的データ

次に、定性的なデータに関しては、数値データに表れてこない改善のヒントが眠っている場合があります。

「空き家・店舗を減少させるための家賃補助制度」を例にすると、制度を利用した方、または利用を検討するために相談には来たが、最終的には利用しなかったという方の声が大切なデータとなります。

例えば、「空き店舗を借りて新たに商売を始める方に6か月間最大月5万円の家賃を補助」という制度であったとします。これに対して、制度の利用を検討したが利用しなかった方から、「店舗を借りて商売を始めても6か月では軌道に乗せられる自信がないので、利用しなかった。その半額でもいいから12か月間補助をしてほしい。」という声があったとします。この声から、制度を計画した時の補助対象期間の設定に、もうひと工夫が必要であったことがわかります。

商売の経験がある自治体職員は数少ないと思いますので、計画改善の際にはこうした実際の声は、大いに参考となるはずです。

5 他自治体のデータで
未曽有の事態に備える

他の自治体の記録を置き換えて作るエビデンス

▶備えるためにデータを使う

　大災害のような未曽有の事態は、不可抗力のため、それを見込んだ改善策を出すことが困難です。しかし他自治体の例を含め、公表されているデータを分析することで、発生した際に備えるための仕組みづくりに活かすことができます。これも、エビデンスに基づく改善となります。

　未曽有の事態ともいえるような状況に遭った場合、データの記録が重要です。禍の最中に、あるいは事後のできるだけ早い時期に、禍により何にどのような影響があったのかを記録しておけば、自治体内のみならず、社会全体に大きな貢献ができることになります。

　2016年4月に最大震度7を記録した熊本地震からわずか2年足らずの2018年3月、熊本市上下水道局から「熊本地震からの復興記録誌」が発行されました。まずは、貴重なデータを取りまとめ、公表してくださった熊本市上下水道局職員の皆さまの努力に敬意と感謝の意を表します。

　この記録誌には、熊本市の上下水道施設が大地震により受けた被害の詳細が記録されています。この記録を使って、どの自治体にもいつかは必ず訪れるその時に備えるためのエビデンスを作ることができます。

▶他の自治体の記録を置き換える

　例として「熊本市の水道施設が地震で受けた影響」のデータから、「A市の水道施設が備えるべき資金」のエビデンスを作ります。

　まずは被害想定額を出します。試算の方法はシンプルです。被害に関わる指標、ここでは総務省の「地方公営企業年鑑（平成30年度決算）」

で公表されている両市の5つの指標を使い、熊本市の被害額39.8億円から次式で試算します。（結果は図表58になります）

（A市の指標 / 熊本市の指標）×熊本市の額＝A市の想定額

図表58　A市の被害額の想定

指標	熊本市	A市	A市の被害想定額
現在給水人口（人）	700,344	164,634	935,602,104
導送配水管延長（km）	3,508	725	822,609,429
年間総配水量（千 m^3）	80,608	19,538	964,683,902
減価償却費（千円）	4,616,212	863,651	744,621,560
有形固定資産（千円）	113,930,637	20,283,582	708,577,240
熊本市の被害額	39.8 億円	A市における 単純平均	835,218,847（8.4 億円）

　A市の被害想定額は、指標により開きがあるので、単純平均の8.4億円を採用することにします。

　次に補助金や必要経費を想定し、A市は、水道の被害に対してどれくらいの資金を確保する必要があるのかを試算します。

　熊本市では国から14.6億円の補助金が交付され、甚大な被害に対する水道料金を減免した額は6.5億円と記録されています。

　補助金は、被害額に比例するとして、A市には補助金は（14.6/39.8）×8.4＝3.1億円の交付が見込め、給水人口から比例した水道料金減免額は、（16.5万人 / 70.0万人）×6.5億円＝1.5億円を見込むことにします。

　備えるべき額は、8.4億円－3.1億円＋1.5億円＝6.8億円となります。

　こうして基金をいくらにすればいいのかという改善のためのエビデンスを、貴重な記録から作成することができました。

　備えのためのエビデンスは、防災倉庫の備蓄品は十分かなどにも活用できます。ぜひ、各自治体の皆さんにはデータの記録と公開がいかに社会にとって有意義かを再認識してほしいので取り上げました。

6 想定外の事態で冷や汗を かかないための注意点

データの裏切りには要注意

▶値上げした分そのままには収入は増えない

　データ活用では、十分対策しなければ後々問題になる注意事項があります。ここでは自治体が特にやってしまいがちな注意点を2つ紹介します。

　1つ目は、料金見直し時の「価格の弾力性」の考慮不足です。「価格の弾力性」は経済用語で、「価格が購買意欲を弾く力」と読み替えるとわかりやすいかもしれません。商品の価格が上がると、購買意欲が落ち、需要が減少することをいいます。

　例えば、10%の値上がりに対して需要が1%減るのであれば、「価格の弾力性＝0.1」と表現されます。

　各自治体の財政状況は、年々厳しさを増すばかりです。今後もますます厳しいものとなるでしょう。そうした状況の中では、税金の果たす役割も見直さざるを得ず、多くの税金が充てられ管理運営が行われている公共施設の使用料や、繰出金により赤字が補填されている下水道事業の使用料など、受益と負担のバランスの見直しは、現在の自治体経営においては必須事項となっています。

　こうした料金の見直しを行うときにふまえておきたいのが、先に挙げた、価格の弾力性です。これが影響するので、10%の値上げをしたからといって、10%の増収になるとは限らないということに注意します。

　公共料金にもこの弾力性があります。過去の公共料金の値上げ前後のデータから分析した結果を用いて、価格の弾力性を考慮した適当な料金を予測することができます。

例えば、「2016年に水道料金を10%値上げした際の弾力性は0.1だった。」という分析結果があったとします。次回の料金改定の際は、「前回の改定では、10%の料金値上げで水道使用量が1％減った。」ということを加味した内容で試算し、改定率を決めれば、見込んだとおりの収入が得られずに冷や汗をかくようなことを防ぐ可能性が高くなります。

ただし、「価格の弾力性」を分析できるような知識や能力のある職員は、自治体内にはほとんどいないと思いますので、外部に分析を委託することになるでしょう。その方法等は、4-8を参照してください。

▶ある日突然の事業撤退とならないために

2つ目は、「データの収集・分析の引継ぎ」です。担当している事業でデータ活用を行っている場合、担当を外れたり、他者に委任したりしても、それが継続して行われるよう注意しましょう。

例えば公共施設に店舗を誘致するような公民連携事業の場合、賃貸借契約に基づくケースも多く、その事業期間は、数年から50年くらいまで、長きにわたります。その間、自治体側の担当者は、何人も入れ替わりますが、引継ぎがおろそかになっていると、たとえ、契約の中でデータの提供が約束されていたとしても、データの継続的収集と分析が途切れてしまうことがあります。

こうした店舗誘致事業での店舗の営業に関するデータの収集は、事業の成果の検証のために必要なのはもちろんです。また、営業が契約期間にわたって順調であるという保証はどこにもないため、このデータは営業不調などによる撤退の予兆を察知するという重要な意義もあります。

このような意義のあるデータの収集・分析が途切れれば、来客数や売り上げの減少など、撤退の予兆を見逃すことにつながり、ある日突然、撤退の通告を受け、冷や汗をかくことになりかねません。

引継ぎを徹底することはもちろんですが、なぜデータを収集しなければならないのか、その意義を職員の一人ひとり、そして組織全体がしっかりと理解をしておくことが大切です。

自宅のマネジメントはおろそかに!?

我が家は、1999年8月に建てました。家というのは、建てる時にもお金はかかるし、その後のメンテナンスにもお金がかかります。今までに、湯沸器、コンロ、レンジフードと設備関係は一度取り換えました。

これらの設備関係は、故障して動かなくなったので、お金は多少かかっても、取り換えざるを得ません。しかし、外壁や屋根の塗装というのは、お金もかかりますし、具体的に不具合が生じなければ、ついつい先延ばしになります。

我が家は3軒の分譲地の中の一軒ですが、2軒隣は分譲後10年で、お隣さんは分譲後15年でそれぞれ屋根・外壁塗装を済ませ、いよいよ残るは我が家だけとなりました。

しかし、なぜかお金がないのです。2軒隣がメンテナンスをしていた時期、我が家の上の娘は、大学を卒業、しかし、下の娘はまだ大学生。上の娘の学費のローンと下の娘の学費を支払うのが精いっぱいで、塗装しなきゃいけないと思っていても、なかなか外壁塗装に回すお金は捻出できませんでした。

しかし、下の娘も大学卒業から2年たち、ようやくお金が工面できるようになった2020年10月、築21年でようやくの屋根・外壁塗装ができました。

このように私は、自宅が築8年目から18年目までの間、私生活で、建物の予防保全をおろそかにしていたにもかかわらず、公共施設マネジメントの仕事においては、「予防保全できないのは、お金がないから仕方がないからだというのは理由にならない」と、口を酸っぱくして建物の予防保全の大切さを訴えてきました。

講演で真剣に話を聞いてくれた皆様、本当にごめんなさい、私は自分のことを棚に上げていました……。

CHAPTER 6

データ収集の
ツボ

1 データを利用しやすくする国の取組み

国も推進するデータ活用

▶データ活用への国の取組み

　政策にデータを一層活用していくことについては、国を挙げての取組みが始まっていますが、その契機となっているのは、2016年12月に公布・施行された「官民データ活用推進法（平成28年法律第103号）」です。自治体職員として知っておきたい条文を概略すると下記になります。

　第1条では、法律の目的について「データの活用により、急速な少子高齢化の進展への対応等の直面する課題を解決するための環境整備が重要である」とし、「官民データの活用推進に関し、国のみならず地方公共団体における計画策定その他の施策の基本となる事項を定める」と規定しています。

　第2条では、「官民データとは、国、地方公共団体その他の事業者がその事務又は事業の執行に当たり、管理、利用、提供する電磁的記録に記録された情報」と定義しています。

　第3条では、基本理念としてまず「個人、法人の権利、利益の保護を前提として官民データの活用を図ること」を掲げ、「国や地方公共団体の施策がデータを根拠として行われることにより、効果的、効率的な行政の推進が図られるよう官民データの活用を図ること」としています。

　第5条では、地方公共団体の責務として、「国との役割分担を踏まえ、区域の経済的条件等に応じた施策を実施する」と規定しています。

　第9条では、都道府県に対しては官民データ活用推進計画の策定を義務付けていますが、市区町村に対しては努力義務としています。

　第11条では、国や地方公共団体が保有する官民データは、インター

ネットを通じて容易に利用できるよう必要な措置を講じるとし、民間事業者に対しても公益の増進につながるものについては、同様の措置を求めています。

　データを活用した施策を進めるにあたり、あらためて個人、法人の利益や保護に注意を払うべきであることを認識しておく必要があること、また、企業秘密として外に出にくい事業者のデータも公益の増進のために、積極的に活用できるよう求めていることが目を引きます。

▶官民データ活用推進計画

　都道府県官民データ活用推進計画の策定は、義務付けであり、国が掲げる目標では、2021年3月末までに全都道府県が策定を終えることとされています。

　市町村官民データ活用推進計画の策定は、努力義務ではありますが、「市町村官民データ活用推進計画策定の手引（官民データ活用推進基本計画実行委員会・地方の官民データ活用推進計画に関する委員会　令和元年10月改訂）が公表されています。政府CIOポータルによれば、2019年7月1日現在、75市区町村が策定を終えています。

　計画があるからデータ活用が進むというものではありませんが、計画策定を契機として、組織のデータ力が高まるという効果が期待できます。

【市町村官民データ活用推進計画の構成】
　1. ○○市の現状及び課題
　2. ○○市官民データ活用推進計画の目的
　3. ○○市官民データ活用推進計画の位置付け
　4. ○○市官民データ活用推進計画の推進体制
　5. 官民データ活用の推進に関する施策の基本的な方針
　6. 官民データ活用の推進に係る個別施策
　7. セキュリティ及び個人情報の適正な取扱いの確保

2 ほしいデータが手に入る データ探しのコツ

データはどこにでもある。使わないだけ。

▶まずは e-Stat をチェック

　官民データ活用推進法の施行に後押しされるように、国や自治体の多くのデータが活用しやすくなっています。

　中でも最大といってもいいデータ量を扱うサイトは、総務省統計局が整備し、独立行政法人統計センターが運用管理を行う「政府統計の総合窓口（e-Stat）」です。筆者も過去の国勢調査の結果を入手するためによく活用していますが、年々扱うデータが充実していることを感じます。

　各府省等が実施している統計調査の結果は、このサイトから利用することができますので、国のデータがほしいとなれば、まずこのサイトで探してみてください。

▶白書はまとめた結果が手に入る

　データ収集によく利用するものとしては、「白書」も挙げられます。国が発行しているものの中で、データが自治体の政策に活かせるものを例示すると以下のとおりです。

地方財政白書（総務省）　経済財政白書（内閣府）　子ども・若者白書（内閣府）　高齢社会白書（内閣府）　障害者白書（内閣府）　国民生活白書（内閣府）　文部科学白書（文部科学省）　環境白書（環境省）　厚生労働白書（厚生労働省）　公務員白書（人事院）　国土交通白書（国土交通省）　観光白書（観光庁）

また、都道府県レベルや市区町村レベルでも「白書」が発行されています。都道府県レベルでは、「長野県環境白書」「神奈川県青少年白書」「宮城県社会経済白書」などがあり、市区町村レベルでは、「財政白書」や「公共施設白書」をまとめている自治体が多くあります。

　白書の利点としては、すでにデータをまとめた結果が示されていることから、あらためてデータベースから集計する手間が必要ないことです。まとめられているため、逆に元のデータを必要とすることもありますが、元データは、同時に公表されている場合とそうでない場合があります。できるだけ多くのデータが公表されるよう、官民データ活用推進基本法の今後の効果に期待します。

▶データはあちらにもこちらにもある

　統計データや白書以外にも、数多くのデータが眠っています。例えば、都道府県下の市区町村を比較したいのであれば、都道府県の統計書が便利です。自分の自治体の統計書も過去の推移を知るために活用できます。また、他の市区町村の統計書では、ピンポイントでその自治体のデータを知ることができます。

　こうした自治体単位の統計書もホームページで公表され、なおかつ、Excel ファイルで公開されているケースも多くなり、活用に対する利便性が高まっています。このことは、データを使いたい住民に対しても同じ効果をもたらします。自分の自治体の統計データの公開方法を再チェックしてみてください。

　また、意外と盲点になるのは、システムの中に残るデータです。多くの公共施設の予約システムなど、民間会社が開発したものであれば、もともと利用状況を集計する機能が備わっているはずです。そうした機能を熟知し、システムを使いこなすことにより、さらにデータ収集が容易となります。このように、データはあらゆる場所に存在し、その多くがインターネットで容易に入手可能です。根気よく、また要領よく探してみてください。

データ収集は
データの背景に注意

データのうっかりをなくす

▶要素が似た者同士で比較

　せっかく探し出したデータでも、収集の際の注意を怠ると二度手間となったり、後で後悔したりすることになりかねません。

　まず、比較を行うのであれば、背景が同じであることが必要です。例えば、データの年月日等の時点です。他の自治体との比較を行う際に、同じ年のデータを入手できなかったからといって、異なる年のデータで比較しても、それは参考情報にしかなりません。

　また、人口規模や人口密度、区域の面積等も注意が必要です。極端な例でいえば、市区町村で最大の人口規模である横浜市と、政令指定都市以外の一般市町村を比較しても意味がありません。また、同じ人口規模であっても、区域の面積に10倍の開きがあれば、比較の意味が薄れます。

　さらには、気象条件に左右されるデータの場合、北海道と沖縄県を比較するのも無意味です。比較の対象を選ぶときには、できるだけデータに与える影響の点で要素が似ているものを選んでください。

▶推移は社会の出来事の影響にも要注意

　データの推移をみるときに注意したいのは、データに大きな影響を与えるような要素があるかどうかです。

　図表59は全国の市区町村が所有するハコモノの面積の推移を表したものです。2011年度以来、一貫してハコモノ面積が増加を続けています。

　この結果から、全国的にハコモノの建設が続いていると読み取ること

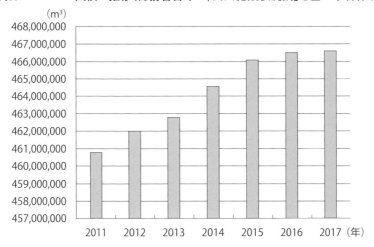

図表59　ハコモノ面積の推移（総務省各年の「公共施設状況調」を基に筆者作成）

もできます。しかし、ここに大きな影響を与えている可能性がある社会の出来事があります。それは2011年3月に起きた東日本大震災です。

　東日本大震災では、多くのハコモノが津波で失われました。その失われた後の面積が2011年度のデータですが、2011年以降、ハコモノの面積は、一貫して増え続けています。この増加の背景には、津波で失われたハコモノの多くが復興とともに再び建設されていることもあると考えることができます。

　そこで、特に被害の大きかった、岩手県、宮城県、福島県のデータを除いて集計してみます。

　結果は、図表60のとおりとなり、2015年をピークに減少に転じていたことがわかります。このように、過去からの推移を比べるときには、できるだけ社会の出来事にも注意を払っておく必要があります。

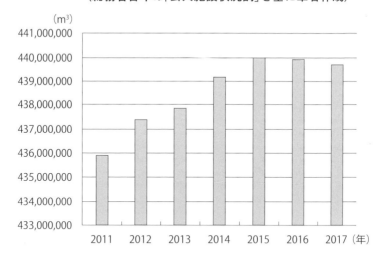

図表60　被災 3 県を除くハコモノ面積の推移
（総務省各年の「公共施設状況調」を基に筆者作成）

▶2020年のデータはコロナ禍の影響に要注意

2020年 6 月から11月のデータは、平時のデータとは言えず、来年度にこのデータとの比較を行う際には注意が必要となります。

図表61は、A自治体の2019年 4 月から2020年12月までの水道使用量の検針結果について、対前年同月の増減率を表したものです。

水道使用量は、天候などにも影響を受けることから、2020年 5 月までは増減はバラバラで、減少は多くても 4 ％程度でした。ところが、2020年 6 月から 9 月までは、それを上回る減少となり、10月と11月は、逆に大きく増加しています。

この要因は、新型コロナウイルス感染症の拡大による緊急事態宣言や外出自粛などの影響です。水道メーターの検針は 2 か月に一度行われるので、どの月の検針結果も検針月の前 2 月分の使用量となります。

2020年 4 月の緊急事態宣言以降、経済活動が大きく減退し、店舗や事業所の水の使用量が大きく減少しました。そのことが 2 か月後の 6 月以降の検針結果に反映されています。また、10月、11月の増大は、外出自粛等の影響により家庭での使用が増えたことに加え、 8 月、 9 月の猛暑の影響です。

水道使用量に限らず、2020年のデータは、コロナ禍の影響を受けている恐れがあります。特に４月以降のデータの使用時には、注意が必要です。

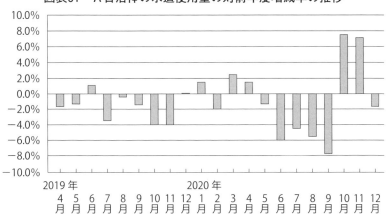

図表61　Ａ自治体の水道使用量の対前年度増減率の推移

▶データの行方不明をなくす

　データ収集でありがちな失敗例を挙げておきます。それは、データの出典やデータそのものがどこにあるのかわからなくなることです。

　出典を必ず記載すべきことは、１-７でマナーとして触れましたが、出典を記録することは上記の失敗の回避にもなります。インターネット検索でデータを収集していると、ページを行ったり来たりしてまるで迷路をさまようかのようになることがあります。このような場合、その時はデータにたどり着けても、次に改めてそのデータにたどり着ける保障はありません。出典をしっかりと記録しておかないと後で大変後悔することになります。

　また、ダウンロードしたデータはアルファベットや数字で機械的に付されたファイル名称も少なくありません。その名称のままにして保存しておくと、後日、目的のデータを探し出すのに苦労することがあります。

　例えば「○○○のデータ一覧表（2019）」など必ずわかりやすい名称で、共有サーバに保管し、誰もが使いやすい状態にしておきましょう。

新たな？生活様式

　コロナ禍の中で「新たな生活様式」と呼ばれる生活が求められるようになりました。いろいろと不便さや窮屈さを感じている方も多いようですが、私はどうかと言いますと、そうでもありません。

　「密を避ける」ようにといわれますが、住んでいる場所も、働いている場所も都会ではありません。通勤は自家用車です。日常生活に「密」が存在していません。

　「外出自粛」を求められましたが、もともと出不精です。休日に市外に出ることは、ほとんどありませんし、外食も滅多にしません。

　「夜の会食の自粛」も求められましたが、以前から、自分から誘うことはなく、職場の歓送迎会と忘年会ぐらいしか外で飲むことはありませんでした。お酒は、ほぼ毎日飲みますが、基本的には家飲み派です。

　このように、「新たな生活様式」と呼ばれるような生活を以前から送っていたため、なんの不便も窮屈も感じませんでした。

　市内で感染者が出たといっても、冷静に計算すれば、交通事故に遭う確率よりも低いのです。自分なりのエビデンスに基づき、勝手にそう判断していました。第二波までは、もともと嫌いだったマスクもあまりつけていませんでした。ところが、第三波は違いました。わが市でも、一日に十数人と陽性者が出始めました。これは交通事故をはるかに上回る確率です。交通事故は自分も遭ったことがありますし、通勤途中でもよく見かけるので、この分析だと、マスク回避はもう諦めるしかなく、マスクを常時つけることにしました。しかし、嫌いであることに変わりはないので、密にならないときにはつけないこともあります。もしかすると、嫌がっている部下もいて、課長に対して「ずっとマスクをつけてください。」と言えないのであれば、これはもう「マスハラ」となるのでしょうか。気をつけたいと思います。

CHAPTER 7

データを
基にした
資料作成・伝え方

1 資料と説明のできが 意思決定の勝負を決める

▶データ収集・分析のスキルだけでは伝わらない

データを収集・分析してエビデンスを作ることは、自分のための行為ではありません。そのエビデンスを使って、相手に説明をし、内容を伝えるためです。そのために最も大切なことは、説明の言葉も資料も「わかりやすい」ことです。

せっかく苦労してデータを収集し、分析して作った表やグラフであっても、内容がわかりにくければ、エビデンスとしての信頼性が下がります。最悪の場合、エビデンスとして認めてもらえないこともあるかもしれません。また、せっかくわかりやすい表やグラフを使った資料であっても、説明が的を得ていなければ、効果は半減してしまいます。

「わかりやすい」は、「説得力」を高め、スムーズな「合意形成」へとつながります。「データの収集・分析のスキル」を身につけた後は、「わかりやすく説明をするスキル」「資料をわかりやすく表現するスキル」も身につけましょう。

▶説明を受ける側の立場に立って考える

常に心掛けるべきことは、説明の相手が「何を知りたいのか」「何を聞きたいのか」を考えて、話す、そして資料や起案を作ることです。

例えば起案です。起案の中身自体は、簡潔に省略してはいけないでしょう。起案は行政における意思決定の記録であり、その自治体の行政史を作るからです。後で見返したときに、意思決定の背景がわからないとなってはいけないからです。ですから、肝心なことはすべて起案用紙

に収めます。そして、「別紙のとおり」とするのは、参考情報にとどめます。

　しかし、決裁は違います。特に首長、副首長の決裁時間は限られています。その限られた時間の中で起案の中身を要領よく説明し、意思決定をしてもらわなければなりません。

　そのために必要なことは、前もって「自分が首長、副首長だったら、何を聞きたいか」を考え、頭の中で説明の言葉を整理し、起案の中で太字やアンダーラインで強調したり、資料を追加したりすることです。

　これは、住民や議会に対する説明においても同じです。常に自分を相手の立場に置き換えて考えることが、「わかりやすく説明をするスキル」を身につけることにつながります。

▶新聞、雑誌もお手本─プロのテクニックに学ぶ─

　「資料をわかりやすく表現するスキル」も、基本的にはその資料を見る側の立場に立って、何を知りたいのか、何を伝えれば効果的なのかを考えることが重要です。

　本CHAPTERでもいくつかの表現のスキルを紹介していますが、最も参考になるのは、新聞やビジネス誌です。これらの作り手は、限られた紙面の中で、限られた文字数を使って大事なことを伝えなければならない「伝えのプロ」です。

　グラフの表し方や表の構成など、参考となるテクニックがたくさんあるので、日ごろから意識的に注目し、これはと思うものがあれば、保存しておいて、応用できるも場面が来たら活用してください。

　また、新聞やビジネス誌に限らず、日ごろから多くの資料に興味を持ち、目を通すことで、良い点も学べれば、逆に反面教師になる事例にも気付くこともできます。こうした習慣を身につけておくことが、「資料をわかりやすく表現するスキル」をアップさせる近道です。

住民説明は身近な例や単位で示す

▶相手によって説明時間や資料の中身は変わる

　自治体職員が説明する相手は、大別すると「住民」「議会」「庁内」です。この相手に応じて、説明用資料の内容や時間が変わります。一般的には、説明用資料のボリュームも時間も、「庁内」＞「議会」＞「住民」となります。

　「庁内」や「議会」が相手の場合、それぞれの自治体で、例えば、庁議の資料は、A4サイズの１枚でといった取組みがあるなど、内部ルールが異なります。そこで、本項では、相手が「住民」の場合に参考となる内容を解説します。

▶「住民」への説明は「自分事」にとらえてもらう

　住民への説明で大切なことは、前項でも触れた「相手の知りたいこと・聞きたいこと」を考えて説明に臨むことに加え、説明する内容を「他人事」ではなく、「自分事」として相手にとらえてもらうことです。

　「自分事」にとらえてもらうためにはデータの種類が重要です。自分の自治体のデータや、住民にとって親近感のある他自治体のデータを公開することが効果的です。

　例えば、地域の浸水対策を進めるため、長期間にわたり雨水排水施設の工事を行うとします。このときに気象庁が公表しているデータから、図表62のようなエビデンスを用いて、対策の必要性を地元に説明する資料を作ることがあります。確かに増えているようにも見えますが、そのことよりも注意しなければいけないのは、「全国」のデータであること

です。

　大規模な浸水被害は、毎年のように発生し、テレビニュースで報じられていますが、身近な場所で起きたことがなければ、それは「他人事」です。人間には、自分だけは大丈夫と思う本能があるというのは、災害心理学の世界では有名な話だそうですが、これでは、長期にわたり生活に不便さをもたらす工事に対して、住民の理解は進みません。

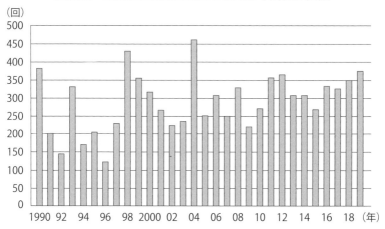

図表62　全国の降水量50mm/h 以上の年間発生回数

　そこで「自分の自治体」または「近い自治体」のデータを用意します。気象庁のホームページによると、現在、降水量の観測所は、全国に約1,300か所（約17km 間隔）、このうち、約840か所（約21km 間隔）では降水量に加えて、風向・風速、気温、湿度を観測しているほか、雪の多い地方の約330か所では積雪の深さも観測しているそうです。また、この観測データは、過去のものも含め、気象庁のホームページで簡単にダウンロードすることができます。

　ひと手間を惜しまず、自分の自治体や、近い自治体の観測所のデータを用いれば、住民の皆さんも「他人事」ではなく、「いつ自分のまちにも被害が起きてもおかしくはない」と、「自分事」としてとらえてくれるはずです。

住民には瞬間的に 伝わる資料を見せる

説明を住民の記憶に残す

▶「住民」への説明は視覚にインパクトを与える

　住民への説明のコツの2つ目は、視覚にインパクトを与えることです。

　グラフの違いで、インパクトも大きく変わります。例えば、人口減少、特に高齢化が進み生産年齢人口の減少を説明するエビデンスです。よく用いられるのは、図表63のような人口の推移を表すグラフです。

　総人口も生産年齢人口も減り続けることはわかりますが、高齢化の危機感は生じません。そこで、人口構造を人口ピラミッドで対比します。

　図表64では、人口構造が大きく変化することが際立ち、上下を比較するだけで、将来への危機感は大きくなります。また、グラフに自分の年

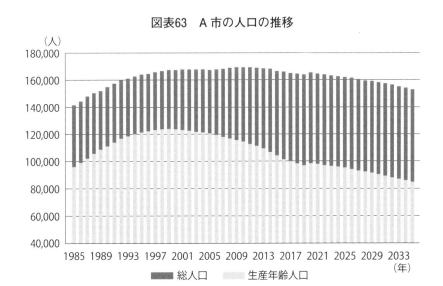

図表63　A市の人口の推移

齢をすぐに当てはめることができ、「自分事」としてとらえやすくなります。

　住民は、行政課題の知識も職員や議員と比べると多くない上、説明時間が限られるため、短い時間で印象に残る説明をすることが大事です。

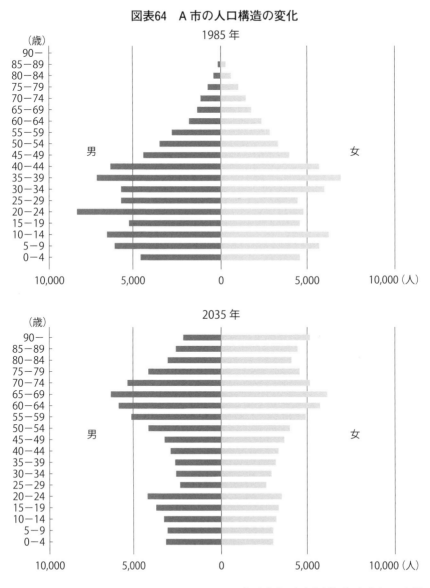

図表64　A市の人口構造の変化

4 文章より表・グラフで示す

数字を印象に残すには見せ方も工夫する

▶文章では、数字が頭に残りにくい

エビデンスを用いてわかりやすく相手に伝えるために意識したいことは、文章よりも表やグラフを使うことです。

例えば、人口の推移に関する説明で「生産年齢人口の負担が、過去とは比べ物にならないくらい増えている」と伝えるとします。

配布された資料に、下記のように文章で記載されていたとしたら、危機感は伝わりにくく、数字も頭に残らないでしょう。また文章では、感じ取る問題点など、読み手による解釈の違いが常に内包されています。

2010年には17万人を超えていた人口も、2024年には、およそ16万3千人へと7千人減少していくと見込んでいます。このうち、生産年齢人口に注目すると、2010年には11万3千人だったものが、9万6千人となり、1万7千人も減少してしまいます。

この9万6千人という生産年齢人口は、1985年ころと同じ数字ですが、当時の高齢者人口は9千人です。1985年なら10人の生産年齢人口で1人の高齢者を支えればよかったのですが、2024年の高齢者人口は4万9千人、生産年齢人口2人で1人の高齢者を支えなければいけなくなります。

▶表ですっきりさせるとわかりやすい

上記の内容を詳しい数値を用いて表にまとめると図表65となります。

配布された資料にこの表が記載され、先述の説明を受けると、文章だけの場合より、数字が印象に残りますし、危機感も大きくなります。

図表65　A市の人口の推移

	1985 年	2010 年	2024 年
総人口	141,803 人	170,145 人	163,476 人
生産年齢人口（A）	96,063 人	113,277 人	96,060 人
高齢者人口（B）	9,207 人	34,575 人	49,205 人
A 対 B	10：1	3：1	2：1

▶グラフで視覚に訴える

　さらに、この表をグラフ化すると、一番伝えたかった生産年齢人口の負担の急増が一目瞭然となり、この資料を見た方の印象に強く残ります（図表66）。視覚的に訴える効果は、合意形成もスムーズにする効果があります。グラフ作成のスキルは、ぜひ身につけておきたいところです。

図表66　A市の人口の推移

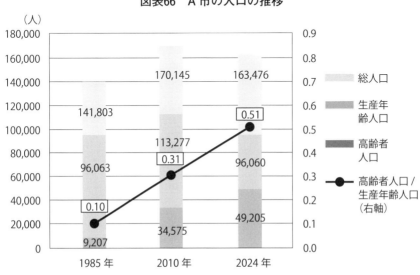

5 効果的に説明できる グラフを選ぶ

普段使わないグラフにも挑戦しよう

▶グラフなら複数の情報を一見して把握できる

　グラフには視覚的に訴える効果があるとともに、複数の情報を一見して把握できる効果もあります。Excel や Word のグラフ作成機能には、棒グラフや折れ線グラフ以外にも説明に使うと効果的な様々なグラフがあるので、場面に合わせて選択してください。

　ここでは、散布図の一種の「バブルチャート」というグラフを紹介します。散布図の縦軸と横軸以外で関係する要素の大きさを、円の大きさで表すことができます。

図表67　A県下の市民ホールの状況

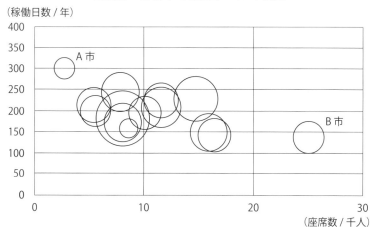

図表67は、バブルチャートでＡ県下の市の市民ホール（会館）の状況を比較したものです。縦軸は年間の稼働日数、横軸は人口千人当たりの座席数、円の大きさはホールの座席数（規模）を表します。

　Ａ市のホールは、県下で一番利用されているにもかかわらず、規模が小さいことがわかります。大きいホールへの建替えが検討できます。

　問題は、Ｂ市のホールです。Ｂ市は有名な企業の城下町であり、企業の景気が良く、法人税収もたくさんあった時に市制施行20年を迎え、記念事業としてホールが建設されました。

　ホールの規模（円の大きさ）は、それほど大きなものではありませんが、横軸で一番右に位置していることから、人口規模からみると過大なホールであることがわかります。また、稼働日数も県下で最低クラスであり、あまり利用されていないこともわかります。人口に対してホールが大きすぎ、興行主も使いにくいのかもしれません。

▶複数の情報が説得力を高める

　Ｂ市のホールは、過去に一時的な休止案が打ち出されました。リーマンショックで企業の収益が下がり、法人税収が大きく落ち込んだことが理由です。しかし、住民の猛反対にあい休止は撤回されました。また、その後にホールの休止の是非の問題は、市長選挙の争点にもなってしまいました。

　休止を強く反対した方たちは、ホールをよく利用する方かもしれません。しかしこの稼働状況では、ホールを利用する一部の住民しか恩恵を受けていなかったことがわかります。また、市民ホールの維持には年間億単位の予算が必要になり、財政上の負担は重くなります。人口に対し規模が過大であるこのホールは、他市よりも重い負担をもたらしていることもわかります。

　図表67は、休止の選択は、誤りではないことを示しています。住民への説明の場で、ただ「財政が厳しいので」と言うよりも、税収の落ち込みや維持管理費を示す際に、こうしたグラフを提示していれば、なぜ休止の判断に至るのかが伝わりやすくなり、違う結果になったかもしれません。

6 地図は視覚効果抜群

表・グラフでは表せない位置情報も伝わる

▶表やグラフにはない地図の魅力

　表やグラフと並び、視覚に訴える効果が高いのは地図です。日ごろ目にする資料に、都道府県別や市町村別で色分けがされた地図が載っているのを見ることがあると思います。

　こうした地図からは、表やグラフで表せない地理的情報を直感的に読み取ることができます。さらにこのことによって、情報に対する理解が深まったり、発想が広がったりする効果も期待できます。ぜひ、地図でエビデンスを作るスキルも身につけておきたいところです。

▶公務用パソコンなら「地図で見る統計（jSTAT MAP）」

　しかし、「Word や Excel には地図を作る機能はないし、自分で地図を作れるほどのパソコンのスキルもないから」と腰が引けてしまう方もいるかもしれません。Web 上で地図を作成できデータをダウンロードできるホームページもありますが、公務用パソコンではいろいろな制限があることから、お勧めできません。

　そこで、紹介したいのは、「政府統計の総合窓口（e-Stat）」から利用できる「地図で見る統計（jSTAT MAP）」です。

　詳しい操作方法は、ホームページに掲載されています。無料で利用できますし、ユーザー登録なしでも使えますが、簡単な登録でより多くの機能が使えるので、庁内ルールの中で適宜、登録することをお勧めします。

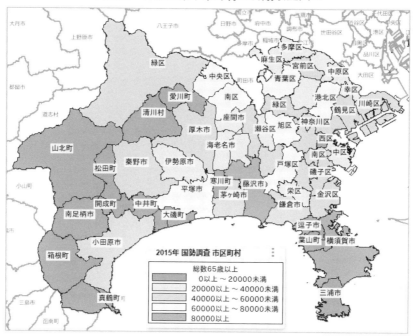

図表68　神奈川県下市町村の65歳以上人口

「地図で見る統計」の第一の特徴としては、国勢調査や経済センサスなどの既存のデータを利用することができ、地図を自動で塗分けしてくれることです。

　図表68は、筆者が2015年の国勢調査の結果から作成した、神奈川県下の市町村の65歳以上の人口です（実際は、カラーで作成されます）。このように地図で示すことで、広い範囲の情報を短時間で俯瞰的に把握することができます。

　なお、サイトの機能で作成・出力できるレポートを公務用パソコンにダウンロードするためには、自治体によって差がありますが、セキュリティ対策の手間がかかります。筆者が作った地図（図表68）は、作成した画面をスクリーンショットしコピーしてからペイント機能を使って加工したものです。このような方法も参考にしてください。

▶加工したデータも使える

第二の特徴としては、「地図で見る統計」システム内に用意されている統計調査のデータだけではなく、オリジナルのデータベースから塗分けることも可能です。

まず、「地図で見る統計」に用意されているデータで何らかの地図を作ります。そして、そのデータを CSV ファイル形式でエクスポートします。このファイルのデータを自分のオリジナルデータベースに置き換え、ユーザーデータとしてインポートし、地図を作成すれば、オリジナルの塗分け地図の出来上がりです。

図表69は、図表68のデータを基に地図を作り、筆者オリジナルのデータである住民一人当たりのハコモノ面積のデータに置き換えて作成したものです。

図表69　神奈川県下市町村の住民一人当たりのハコモノ面積

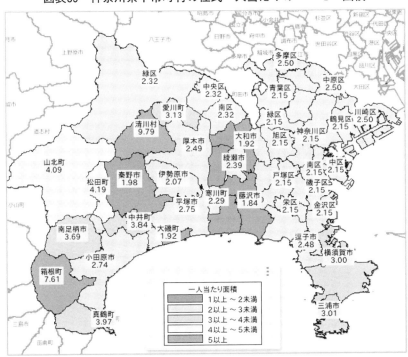

▶市区町村の区域内での塗り分けもできる

「地図で見る統計」のさらに優れている点は、国勢調査の結果にも対応しているので、市区町村の中で町丁目字別やメッシュ単位で塗り分けることもできます。図表70は、2015年の国勢調査の結果から、筆者が暮らす神奈川県秦野市の町丁目字別に高齢化率で塗り分けたものです。

ここまでくると、一般的なフリーソフトでは太刀打ちできないでしょう。また、コンサルティング会社に委託する必要がなくなり予算に頭を悩ませる必要もありません。これから、エビデンスをどんどん作ろうとする令和の時代の自治体職員のためには、大変に心強い存在です。

もちろん、町丁目字別の単位であっても、オリジナルのデータに置き換えることもできます。オリジナルデータの作り方によっては、大変に説得力の高い様々なエビデンスを作れることになります。

慣れるまで少し操作に苦労しますが、ぜひチャレンジしてください。

図表70　神奈川県秦野市の町丁目字別高齢化率

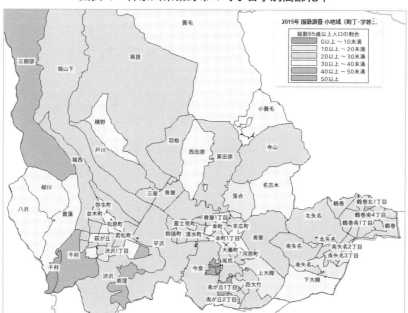

7

明確に対比すると説得力が上がる

違いをはっきりと見せることで理解が深まる

▶中身の違いを見せよう

　いくらグラフを使って説明しても、そこから明確に読み取れるものがなければ、相手に伝える効果は薄れてしまいます。違いをはっきりと強調する工夫をしてみましょう。

　対比すべきものを明確に見せるグラフに、「積み上げ棒グラフ」があります。このグラフは、あるデータを構成する内訳の要素を各データの大きさのままで積み上げ、全体の数値と内訳の両方を表します。

　例えば、A市では、下水道料金は、水道料金の1.5倍くらいのため、住民からは、なぜこんなに高いのか、水道料金並みにできないのかといった声がよく届きます。これに対して、長々と理由を説明しても、言い訳のようになってしまいます。

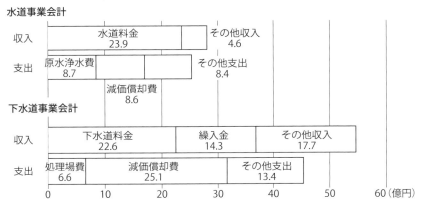

図表71　上下水道事業会計の決算規模の違い

そこで、まず図表71のようなグラフを示し、次のように説明します。

---

① 予算規模が2倍近く違うが、主な要因は、減価償却費の違い。

② 減価償却費は、施設の量で決まる。

③ 下水道事業は、水道事業の3倍近い施設を持ち、コストがかかる。

④ この高いコストに対しては、繰入金（税金による負担）がある。

⑤ ④の繰入金を増やせば、料金は下がる。

⑥ しかし、住民の7割しか利用していない下水道事業に多くの税を充てるのは、税負担の公平性に反してしまう。

⑦ したがって、水道よりも下水道の料金が高くなってしまう。

　下水道事業のことだけで説明するよりも、水道事業と下水道事業の違いを明確に示したグラフを見せながら説明することにより、聞いている側の理解は深まるはずです。

▶ドーナツグラフも新鮮

　構成割合で対比したいのであれば、右のようなドーナツグラフも効果的です。縦棒や横棒グラフで構成割合を示すこともできますが、見慣れてしまっていて、あまり目を引きません。

　積み上げ棒グラフやドーナツグラフ以外にも、効果的なグラフはたくさんあります。どのようなグラフを使って説明すれば、相手がわかりやすいのか、説得力が高まるのか。慣れてくると、それを考えること自体が楽しくなってきます。

　仕事が楽しくなるというのは、あなたにも組織にも幸せなことです。ぜひ、いろいろとチャレンジしてみてください。

▶別の視点での分析で対比する

　一見同じようなデータでも、グラフに一ひねりした視点で手を加えてみることで、違いが明確になることがあります。

　例として、グラフで近年豪雨が増えていることを説明するとします（図表72）。

　このグラフを一見したところでは、近年豪雨が増えているとは言い切れません。また、近似曲線を引いてみます。R-2乗値は、0.1384となり、回帰分析では、増加傾向にあることを証明できません。

　そこで、図表72に、1990年から1999年までの10年間と2010年から2019年までの10年間の平均回数を計算し、折れ線グラフ（太い点線）で加えてみます。

　結果は、258回と327回へと1.3倍となり、明らかに豪雨が増えているというエビデンスとしての信頼度は、格段に高まりました。

　近似曲線を使って分析しても意図したエビデンスにならないときには、没ネタにすることも必要ですが、分析の経験を積んでくると、うまくいくはずなのにおかしいと強く思うときがあります。そのようなときには別の視点での分析結果を加えてみてください。

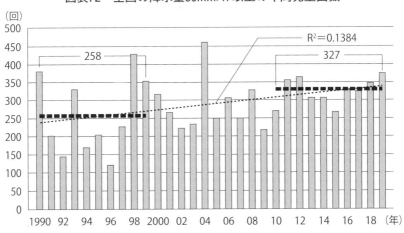

図表72　全国の降水量50mm/h 以上の年間発生回数

▶レーダーチャートもわかりやすい

　性質の違うデータを、視覚的にもわかりやすく一括して比較することができるレーダーチャートは、明確な対比に便利なグラフです。

　A市と隣のB市の5種類の主要財政指標を用いて対比してみます（図表73）。

　表形式で各指標の絶対値を比較しても違いがあまり明確になりません。そこで、レーダーチャートに加工してみます。チャートの軸は1つなので、全国平均を100として各指標の単位と大きさを指数化します。

　レーダーチャートでは、財政力指数、経常収支比率、ラスパイレス指数は似ていますが、実質公債費比率と将来負担比率は、違うことが際立ちます。B市はA市よりも借金への依存度が高いことがよくわかります。

図表73　A市とB市の主要財政指標の比較

	A市	B市	全国平均
財政力指数	0.89	0.98	0.51
経常収支比率	95.3%	98.9%	93.6%
実質公債費比率	1.2%	7.4%	5.8%
将来負担比率	17.6%	64.8%	27.4%
ラスパイレス指数	101.4	100.3	97.1

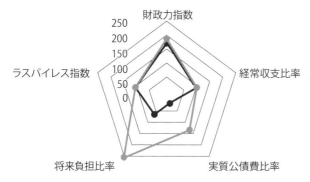

8 説明上手と呼ばれる 4つのコツ

データ分析を十分に活かすにはテクニックが必要

▶うまく省略する

　データを収集・分析し、エビデンス満載の資料が出来上がりました。でも、もう一度見直しましょう。その資料、情報過多ではありませんか？

　情報は、少なすぎても、多すぎても相手に伝わりにくいものです。A4判の資料であれば、1ページにグラフや表は2つくらいが見やすい量です。7-5の図表67のように、グラフでは3つの要素を同時に入れることも可能です。

　この図表を3つの要素に分けて、それぞれグラフにすると、あれとこれを見比べて、こちらとあちらを見比べてとなり、説明を聞く側も説明よりも図表を目で追うことに気がとられます。必要性の高い情報に集中して説明を受けられるように、上手に省略して、簡潔にまとめましょう。

▶すべてを羅列せずにまとめる

　表やグラフを作成するときに、すべての要素を羅列すると、逆にわかりにくくなることがあります。

　一例として、A市の水道メーターの口径別の有収水量について、2020年度の対前年度の増減率を説明してみます。

　すべての口径のデータを用いて表すと、口径により増減はまちまちで、増減の理由について、一つひとつ説明が必要になります（図表74）。

　これでは時間もかかりますし、その説明を聞いている側も、途中でよくわからなくなってしまうのではないでしょうか。

そこで、口径20mm 以下（13mm と20mm の契約者のほとんどが家庭用）と25mm 以上（契約者のほとんどが業務用）にまとめてみます。結果は、図表75のとおり非常にシンプルになりました。

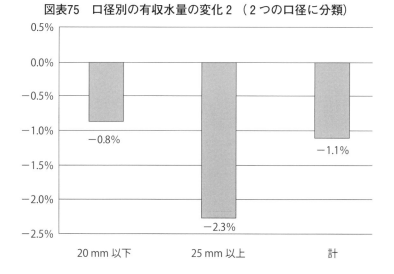

図表74　口径別の有収水量の変化１（すべての口径）

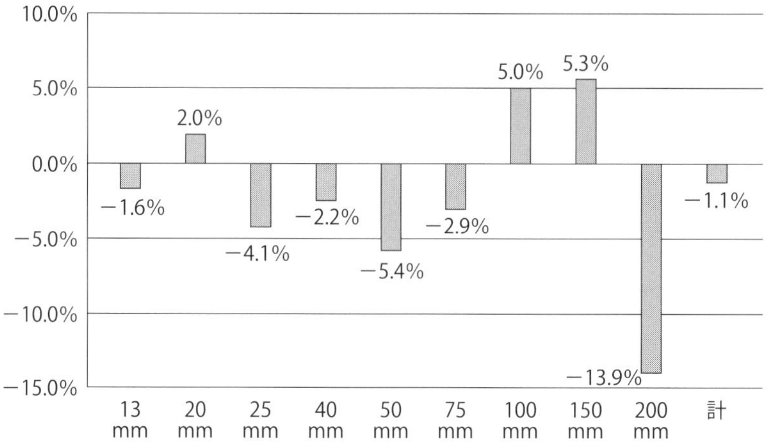

図表75　口径別の有収水量の変化２（２つの口径に分類）

この結果であれば、説明もシンプルです。「家庭用に用いられている20mm以下では、0.8%の減少ですが、業務用に用いられている25mm以上では、2.3%の減少となり、全体では1.1%の減少です。有収水量の減少は、人口減少よりも経済活動の影響を大きく受けています。」となります。

データベースにまとめられている要素をそのまま使えば作業は楽です。しかし、説明の最終目的は、理解を得ること、合意を得ることです。羅列ではなくまとめるほうが、その効果は高まる場合があります。

▶身近なものに置き換える

特に住民に対して説明を行うとき、難解な行政用語を連発しないことはもちろんですが、身近なものに置き換えて説明すると理解が進みます。

例えば、広報紙などで用いている自治体が多いと思いますが、財政状況は家計に置き換えて説明します。市税収入は「給料」、国の補助金は「親からの仕送り」、公債費は「ローン返済」、基金は「定期預金」などです。

以前、筆者は公共施設の使用料の見直しに関する説明会の際に回答者数が約400人の「住民意識調査」の結果を示しました。これに対して、参加者から「400人で市民の意識を正しく表すわけがない」という意見が出ました。これに対して、何人かうなずく方もいました。

この意見に対して、「**こういう調査を標本調査といいます。皆さんは、テレビで選挙特番を見ると思いますが、開票が始まった直後に当確が出ますよね。あれは、出口調査という標本調査の結果から当確を出しています。全投票者の中から、出口で無作為にサンプルを選び出し、集計した結果は、全体の結果に近いものになります**」と回答しました。

この説明を聞いて、意見が出た時よりもはるかに多い参加者がうなずきました。このように、普段目にする身近なものに置き換えた説明を行うことができるようになると、説明を受けた側の理解が早く深まります。

▶数字の桁数は適切ですか

文書や表、グラフで数字を示すとき、小数点以下も含めて桁数に注意しましょう。

例えば、資料の中に「1,256,789,000円」と書いてあったら、すぐに「12億5千6百78万9千円」と読める方はそう多くないでしょう。説明の相手が住民であればなおさらです。決算書であれば、1円単位まで表記する必要はありますが、そうでなければ「約12.6億円」で十分です。

こうした簡潔な表現に直すことは、グラフや表でも同じです。

6-3の図表59を面積の単位を変えて再掲しますので、見比べてみてください。6-3では、少し見にくいと感じた方もいたと思います。その理由は、縦軸のメモリが9桁の数字で表されていたためです。そこで、ここでは縦軸の単位を「m^2」から「億m^2」に変えてみました。だいぶすっきりして見やすくなっていると思います。このグラフで伝えたいのは、1の位までの面積ではなく、面積が増え続けていることなので、単位をこのように変えても十分です。

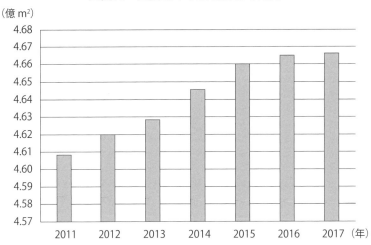

図表76　図表59の単位を変えて再掲

9 ひと手間を惜しまない 「魅せテクニック」

▶理解力を高め、誤解を生まないために

　文章よりもわかりやすいはずのグラフや表でも、そこから誤解が生まれたり、勘違いが起きたりすることがありますが、その原因の多くは、表現方法にあります。特に Word や Excel のグラフ作成機能は、自動でレイアウトなどを決めてくれることから、そのまま使用してしまいがちですが、ソフトが良いと判断したことが、説明にも最善かというとそうではありません。

　例えば、目盛です。最大値、最小値、目盛間隔をソフトが自動で判断しますが、そのことによって、強調したいことが打ち消されたり、逆に誇張されすぎたりしてしまうこともあります。また、凡例も自動で表記されますが、必ずしもその凡例が見やすいとは限りません。

　出来上がったグラフや表は、「本当にこれが一番わかりやすいだろうか」という視点でもう一度確認し、ひと手間を加えてみてください。

▶本書の図表でおさらいする「魅せテクニック」

　本書では、たくさんの図表を用いました。書籍用に少し加工されていますが、すべて筆者の手作業により Excel や Word で作成したものです。ここでは図表が見やすくなるように工夫できる「魅せテクニック」を紹介しますので、ぜひ参考にしてください。

図表77　本書の図表作成で用いた「魅せテクニック」（Excel、Word の機能）

章 - 項	図表	魅せテクニック
2-6	12	折れ線グラフについて、「データ系列の書式設定」から「スムージング」を使用
2-10	21	左軸と右軸の目盛間隔について、「軸の書式設定」から等間隔になるように変更
〃	23	凡例を使わずに 3 本の折れ線のデータ要素にラベルを設定。「データラベルの書式設定」からラベルの内容を「値」から「系列」に変更し、折れ線と重ならないように位置を変更
〃	24	背景が濃いデータラベルの値を見やすくするために、「データラベルの書式設定」から文字の塗りつぶしを白色に変更
3-2	25	推移をわかりやすくするために左軸について、「軸の書式設定」から最小値を変更
3-8	32	利益や不足額を数値データとして入力し、「データ系列の書式設定」から塗りつぶしをなくし、枠線を点線に変更
3-9	35	数値の差が大きいため軸の目盛について、「軸の書式設定」から対数目盛（間隔が等間隔ではなく、桁ごとになる目盛）に変更
4-2	38	データラベルを表示し、「データラベルの書式設定」から折れ線のラベルと棒グラフが重ならない位置に変更
4-5	43	①「データ系列の書式設定」から、A 市のマーカーだけを濃い色に変更 ② A 市にだけデータラベルを表示させ、「データラベルの書式設定」からラベルの内容を「値」から「系列」に変更し、枠線を設定後、位置を変更
4-6	47	棒グラフのデータラベルが重ならないように、データラベルの書式設定から配置をユーザー設定の角度 -45°に変更
5-1	52	SmartArt（Microsoft 社のソフトに備わっている組織図やフローチャートなどを作成する機能）を使い、「図形の書式設定」から文字の入力場所のサイズを変更
5-2	53	Excel で行の高さと列の幅を 0.3cmに設定して作成。消したい目盛線の表示をなくした後、コピーし、画像データとして貼り付け
6-3	61	軸のラベルとデータ系列が重ならないように「軸の書式設定」から軸の位置を下端に変更
7-3	64	①横棒グラフを使い、男性の値を負の値にして入力。「軸の書式設定」から表示形式をユーザー設定にし、「#,##0;#,##0」に変更 ②「データ系列の書式設定」から系列の重なりと要素の間隔を 100%に変更 ③凡例を使わずに 1 つの横棒にだけデータラベルを表示し、「データラベルの書式設定」からラベルの内容を「値」から「系列」に変更

章 - 項	図表	魅せテクニック
7-4	66	折れ線にデータラベルを表示し、強調するために「データラベルの書式設定」から枠線あり、塗りつぶし白色に変更
7-5	67	A市とB市のマーカーだけデータラベルを表示し、数字を削除し、ラベルの中に直接文字を入力し、位置を調整
7-7	72	組合せグラフにして10年間の平均線を引き、点線にして強調。それぞれデータ要素の1つにだけデータラベルを表示
〃	75	一目でマイナスの値とわかるように、「軸の書式設定」から軸の最大値を0.5%に変更

▶誰のため？　何のため？

　日々の仕事は忙しく、できるだけ時間をかけたくないという気持ちは十分にわかります。しかし、10分の手間をかけたことで、理解を得る時間は30分早まります。また、そうしたひと手間は、周囲に好印象を与え、あなたの評価も高めます。ぜひ「ひと手間を惜しまない」習慣を身につけてください。

　そして、皆さんがかける「ひと手間」は、誰のためなのか、何のためなのかをもう一度考えてみてください。私たちが説明を行うことは、「個人の欲」を叶えるためではありません。「公共の福祉」を実現するためです。できるだけ多くの方に理解していただき、できるだけ早く合意を形成する必要があります。

　その原点を思い出しながら、作り上げる資料に「ひと手間」を加え、魂を込めてください。

上下水道の話

　私たちの生活の中では、蛇口をひねれば水が出ます。使った水は、排水口に流れていきます。このことは、あまりにも当たり前であり、水がどこから来て、どこに行くのかを深く意識する機会はあまりありません。意識する唯一の機会があるとしたら、それは2か月に1回、1万数千円の上下水道料金のお知らせが届くときです。

　私自身も上下水道局に異動するまでは、その程度の意識でしたが、日が経つにつれ、上下水道に隠された秘密（悪い意味ではありません。）を知り、その奥深さに魅かれるようになりました。

　秦野市の水道料金は、県下19市の中では下から2番目です。「安くてうまい秦野の水」は市民の共通認識ですが、その理由が先人たちの知恵や努力、盆地という地形によりもたらされるものであることを知る市民は多くはありません。対して下水道使用料は水道の1.5倍、県下で上から4番目ですが、ここにも盆地という地形が背負う宿命のような理由があります。そして、下水処理場で浄化された汚水は川に流れ、海に至ります。海上で発生した雲は、盆地の周囲の丹沢山塊に雨を降らせ、それが浸透し、豊富な地下水をもたらします。そしてまた水道水になり利用されるという水循環の一部を形成しているのが、上下水道事業です。

　こうした知識をもっと大勢の市民に知ってもらいたいと考えて、改訂を進めていた「はだの上下水道ビジョン」で紙幅を割くことにしました。

　私たち自治体職員の仕事の多くは、生活の中の「当たり前」を支えるものです。「当たり前」のことについて住民から褒められることはあまりないため、たまに褒められると、どう反応していいのかわからなくなります。上下水道に限らず、「当たり前をどのように支えているのか」をもっとアピールすれば、褒められる機会も増え、きっと褒められ上手になれるのではないかと思う今日この頃です。

おわりに

　現在、私が配属されている秦野市上下水道局は、地方公営企業法の適用を受ける企業です。本書でも触れたように、その会計処理は、自治体で一般的に行われる官庁会計方式とは、大きく異なります。

　複式簿記を基本とした公営企業会計方式は、「習うより、慣れよ」と言われるように、一朝一夕で身につくものではありませんが、何よりもそれを習得しようとする意欲が大事です。また、地方公営企業の仕組みを知ることは、自治体職員としての視野を広げ、発想を豊かにしてくれます。これは、今まで気付かなかったことに気付き、新たな発想が生まれるデータ活用に関しても同じことが言えます。

　今こうして書き上げることができましたが、職員として現役のまま筆を進めることは、結構大変なことだったりします。でも、なぜそれをしようとする意欲が湧くのかというと、拙著をお読みいただき、「よし、自分もがんばろう」と思ってくださる若い職員の皆さんがいると信じているからです。

　将来の自治体経営は、本当に困難な状況になっていることと思います。だからといって、自治体職員が増えている、予算が増えているということもないでしょう。そういった状況の中で、住民の安全で安心な暮らしを守り続けるためには、自治体職員の一人ひとりが様々なスキルを身につけ、それを磨き上げていかなければなりません。

　そのお手伝いのために、あと数年で定年（おそらく役職定年にはなっているとは思いますが）の知識も経験も豊富な自治体職員が、それぞれの職場の中で、また社会の中で、できる限りのことをしておかなければいけないと思います。

　微力ではありますが、私のできる限りのこととして、拙著が自治体における人材育成にお役にたてたのであれば幸いです。

2021年6月

志村　高史

●著者紹介

志村 高史（しむら たかし）

秦野市上下水道局参事（兼）経営総務課長。1964年神奈川県生まれ。東京水産大学（現・東京海洋大学）水産学部卒業後、1987年から秦野市職員。教育委員会や財産管理課で、公有財産の維持管理や賃貸・売り払い等を担当。2007年に全国初となる庁舎敷地への独立したコンビニエンスストアの誘致を担当した後、2008年から18年まで公共施設マネジメントに携わり、多くの公有財産の有効活用に取り組む。2019年4月から現職。講師派遣・視察受入等による講演回数は600回を超える。著書に『自治体の公共施設マネジメント担当になったら読む本』（2020年、学陽書房）がある。

根拠が示せる！　上司も納得！
公務員のかんたんデータ活用術

2021年7月21日　初版発行
2022年8月25日　3刷発行

著　者　志村 高史（しむら たかし）

発行者　佐久間重嘉

発行所　学 陽 書 房

　　　　〒102-0072　東京都千代田区飯田橋1-9-3
　　　　営業部／電話　03-3261-1111　FAX　03-5211-3300
　　　　編集部／電話　03-3261-1112
　　　　http://www.gakuyo.co.jp/

ブックデザイン／佐藤　博
DTP制作・印刷／精文堂印刷
製本／東京美術紙工